Fassbinders Filme

Fassbinders Filme 2

Herausgegeben von Michael Töteberg

Verlag der Autoren

Die Ausgabe erscheint mit freundlicher Unterstützung der
Rainer Werner Fassbinder Foundation

CIP-Titelaufnahme der Deutschen Bibliothek

Fassbinder, Rainer Werner:
[Filme]
Fassbinders Filme / hrsg. von Michael Töteberg. – Frankfurt am Main :
Verl. d. Autoren.
2 (1990)
ISBN 3-88661-105-1

Gesamtherstellung: Druck- und Verlags-Gesellschaft mbH, Darmstadt
Printed in Germany
ISBN 3-88661-105-1

Inhalt

Warum läuft Herr R. Amok

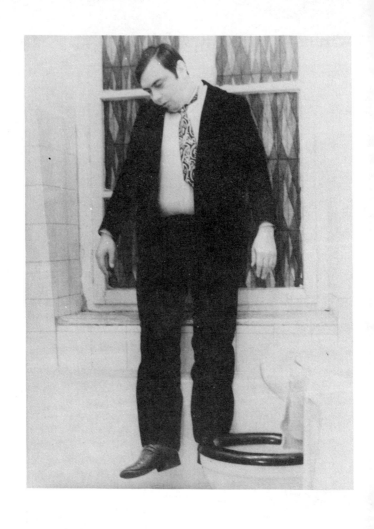

Im Hof

Baer, Moland, Raab und Frau Eder kommen aus dem Büro. Sie gehen lachend über den Hof und erzählen sich Witze.

BAER Geht ein Mann in einen Bäckerladen und verlangt Brot. Sagt der Bäcker: »Was solls denn sein, Weißbrot oder Schwarzbrot?« Sagt er: »Is wurscht, is eh fürn Blinden.«

MOLAND Da will einer ein Pferd kaufen. Da sagt der Mann: »Ja, was wollen Sie denn – nen Ackergaul, ein weißes oder ein schwarzes Pferd?« Da sagt der: »Das ist wurscht. Lang genug muß es sein, wir sind zu acht.«

FRAU EDER Ich weiß auch einen. Ein Elefant trifft eine kleine Maus, und da sagt der Elefant: »Du kleine Maus, du bist aber klein.« Sagt sie: »Ja, ich war auch drei Wochen krank.«

BAER »Mama, wie weit isses denn noch nach Amerika?« – »Sei ruhig, mein Sohn, schwimm weiter.«

MOLAND Ja, ein Mann bringt seine Frau um, und da quellen ihr die Augen so raus. Da sagt er: »Gell, Frau, da schaugst?« *Gequältes Lachen.* Findet ihr das nicht lustig?

FRAU EDER Ein bißchen.

Sie sind über die Hofeinfahrt zur Straße gelangt. Man verabschiedet sich und geht auseinander. Raab bleibt als letzter in der Einfahrt stehen.
Über diese Bilder der Titel (schwarze Schrift):

Warum läuft Herr R. AMOK

von Michael Fengler und Rainer W. Fassbinder

Im Auto

Raab sitzt auf dem Beifahrersitz, seine Frau fährt.

FRAU RAAB Mir ist heute was passiert.

RAAB Ja, ich hab schon gesehn.

FRAU RAAB So was Dummes. Der ist mir direkt vorne reinge-
fahren.

RAAB Wieso vorne?

FRAU RAAB Ja doch.

RAAB Wie kann der vorne in die Kühlerhaube reinfahren?

FRAU RAAB Der hat irrsinnig gebremst. Auf einmal, ohne Grund.
Und ich hab ... Aber ich bin nicht schuld. Du, ich bin wirklich
nicht schuld, da konnt ich nichts machen.

RAAB War noch jemand im Auto?

FRAU RAAB Nö, war niemand im Auto, ich allein. Vor zwei
Stunden ist das passiert.

RAAB Warst du unaufmerksam?

FRAU RAAB Nein, war ich nicht, bitte schön. Also, da kann ich
jetzt wirklich nichts dafür. Ich gebe zu, beim letztenmal war ich
nicht ganz schuldlos, aber da kann ich nichts dafür. Der hat mir
einfach zu schnell gebremst.

RAAB Bistn bißchen nervös?

FRAU RAAB Ja, natürlich. – Aber so teuer ist das ja nicht, oder? 20,
24 Mark, oder?

RAAB Nee.

FRAU RAAB Mehr?

RAAB 91 Mark 30 oder so was, glaub ich.

FRAU RAAB Was – so teuer?

RAAB Ja. Und ohne Montage.

FRAU RAAB Du, das kannst aber du machen.

RAAB Ja, höchstens am Wochenende.

FRAU RAAB Ja, vielleicht. – Du, übrigens die Hanna ist zu Besuch
da.

RAAB Welche Hanna?

FRAU RAAB Hab ich dir doch erzählt. Von meiner Schule.

RAAB Ach, die Schulfreundin.

FRAU RAAB Ja. Die wartet in der Wohnung. Ich muß mich ein
bißchen beeilen.

RAAB Was wollt ihr da machen?

FRAU RAAB Ja, vielleicht son Bummel oder so. Die kennt ja München noch nicht so gut, – Du, ich will mir vielleicht nen Rock oder so was kaufen bei der Gelegenheit.

RAAB Ja, kannst du. Ich geh nicht mit, gell.

FRAU RAAB Nee, warum?

RAAB Ich bleib daheim.

FRAU RAAB Warum denn?

RAAB Ja, ich bin ein bißchen überanstrengt.

FRAU RAAB Ja, wars schlimm heut? Wars anstrengend? Was war denn?

RAAB Ja, ja. Das ...

FRAU RAAB Ärger?

RAAB Hm.

FRAU RAAB Warst du schuld?

RAAB Nee, nee. Das ist allgemein, die allgemeine Stimmung im Betrieb.

FRAU RAAB Ja, wieso? Viel Arbeit?

RAAB Das kann man jetzt schlecht beschreiben. Nicht wegen der Arbeit. Es gibt so verschiedene Sachen ...

FRAU RAAB Is okay. Gibts mal irgendwie ne Beförderung oder so was?

In der Kneipe

Hanna, Raab und seine Frau sitzen am Tisch.

HANNA Ich geh da nicht mehr hin zu diesen Einladungen.

FRAU RAAB Warum nicht?

HANNA Weils mir stinkt. Da sitzen sie dann alle, die reifen Frauen, und dann gibts Fotos von den Kindern. Damit man sieht, daß sie auch was haben und ...

FRAU RAAB Wann warst denn zuletzt da?

HANNA Vorige Weihnachten.

RAAB Und was haben Sie so dagegen, Hanna?

HANNA Nichts. Es langweilt mich ein bißchen.

FRAU RAAB Du meinst, wir sind jetzt auch so ... *Sie lacht verlegen.*

HANNA Nein, das glaub ich nicht.

FRAU RAAB Tja, ich mein, bei uns ist zwar alles geregelt und so. Aber ich glaub, spießig – *sie wendet sich an ihren Mann* – sind wir nicht, oder?

RAAB Nee, aber auch nicht ... Ich weiß nicht, wie das Gegenteil ist, ja.

HANNA Etwas merkwürdiges Gespräch, finde ich.

FRAU RAAB *lacht* Findest du?

RAAB *ernsthaft* Ja, schauen Sie mal: Sie sind natürlich frei, ja? Sie können sich auch frei äußern. Sie können sich kleiden, wie Sie wollen. Ich mein, die Frisur find ich sehr schön, die Sie haben, aber ...

HANNA *unterbricht ihn* Ach, wirklich?

RAAB Ja.

HANNA Ein bißchen ... zu viel vielleicht?

RAAB Ja, Hanna, sehen Sie mal, bei uns ist das so. Meine Frau zum Beispiel könnte nicht so rumlaufen, nicht? Ja, wir haben gewisse Verpflichtungen, wir haben engen Kontakt mit meinem Chef und so. Vielleicht verstehen Sie das nicht ganz und wollen Sie das vielleicht auch gar nicht verstehen ...

HANNA Ich verstehe Sie vollkommen, nur ... *Sie lacht.*

FRAU RAAB Also, ich find die Haare, ich find die jedenfalls dufte. Ich mein, die Frage ist zum Beispiel noch gar nicht aufgetaucht, weil ...

RAAB Das ginge natürlich nicht, daß du so rumlaufen würdest.

FRAU RAAB Was heißt hier »so rumlaufen«? Ich finde ...

RAAB Ich mein, ich finds ja auch gut, aber Hanna ist eine freie Person, sie ist unabhängig wahrscheinlich ...

FRAU RAAB Das ist doch vollkommen uninteressant, über uns zu reden. *Zu Hanna.* Ich möcht gern wissen, was du machst.

HANNA Na, auf des hab ich gewartet.

FRAU RAAB Ja, genau. Das interessiert mich natürlich.

HANNA Ja, was mach ich?

FRAU RAAB Was machst du?

HANNA Eigentlich gar nichts.

FRAU RAAB Das ist schon mal gut. Und dann?

HANNA Und dann mach ich, was mir Spaß macht.

FRAU RAAB Das ist noch besser.

HANNA Und dann – weiß ich noch gar nicht, was ich mach.

RAAB Ja, wenn Sie sichs leisten können.

HANNA Ja, sicher, sonst ...

RAAB Sicher sind Sie da ein bißchen weiter vielleicht als wir, bißchen unabhängiger.

HANNA *spöttisch* Ach, jetzt wird er aggressiv.

FRAU RAAB *im gleichen Tonfall* Ich kenn ihn gar nicht mehr.

RAAB *ernsthaft* Ich kann mir nur gar nicht vorstellen, daß ...

HANNA *unterbricht ihn* Sie haben einen Fleck auf Ihrem Revers.

RAAB *irritiert* Bitte? Wo?

HANNA Links.

RAAB Hier?

HANNA Ja.

RAAB Ich seh nichts, ist auch nicht schlimm ... Ich kann mir jedenfalls nicht vorstellen, Hanna, daß man sagen kann: Ich weiß noch nicht, was ich mach. Irgendwo, irgendwie muß man doch leben können ...

HANNA Da hört der Spaß auf, was?

RAAB Spaß ... Man kann vielleicht alles spaßig finden – da haben Sie recht.

FRAU RAAB Warum bist eigentlich so aggressiv?

RAAB Wieso? Ich bin doch nicht aggressiv.

FRAU RAAB Nee?

RAAB Ich mein, ich geh darauf ein, was ich höre.

Im Büro

Raab sitzt gebeugt über dem Zeichentisch und arbeitet. Die Kamera schwenkt durch den Raum: Baer und Moland arbeiten ebenfalls am Zeichentisch, Frau Eder tippt auf der Schreibmaschine. Es wird kein Wort gesprochen.

Schallplattengeschäft

Raab kommt herein und wendet sich an die beiden Verkäuferinnen.

RAAB Grüß Gott, ich hätte gerne eine Platte, die hab ich, am Sonntag glaub ich, im Radio gehört. Ich weiß aber leider den Titel nicht mehr. Das ist, äh ... da ist ein ziemlich langes Vorspiel am Anfang, ja, mit ... etwas gefühlvoll, und der Text, der handelt so von ... Das ist, glaube ich, ein junger Mann, der das singt, und der ... der trauert um seine Geliebte, die da weggegangen ist von ihm, und ... Und daß man nicht mehr lügen soll und so, davon singt er, und auch in der Mitte wird oft wieder nur von Instrumenten was gespielt. Der Refrain, der ist ... der wird sehr oft wiederholt, nicht? Äh, ham Sie da keine Ahnung, was das sein könnte? Das war am Sonntagabend, war das im Radio, im zweiten Programm war das. Das ist so eine Sendung, irgend so eine Schlagersendung, die da immer kommt, und da war es ...

ERSTE VERKÄUFERIN Die Hitparade.

RAAB Ja, ich glaube, daß die so ähnlich heißt. Jedenfalls ich hab, wir ham das gehört, meine Frau und ich, und uns hat das sehr gut gefallen, und ich dachte, ich mach ihr heute eine kleine Freude und bring ihr die Platte mit, nicht?

ERSTE VERKÄUFERIN Ist das ein Sänger oder eine Sängerin, oder?

RAAB Ja, ich glaub, das ist ein Sänger. Das kann man ja heut nicht so genau mehr unterscheiden. Wie das so ist.

ERSTE VERKÄUFERIN Tja. Und ... und was ist das fürn Lied, ein lustiges ...

RAAB Nein, nein, nein. Das ist ein sehr trauriges Lied. Der singt das mit sehr viel Gefühl und sehr viel Schmelz. Oft hat er auch so Sachen drin, wo er auch son bißchen stöhnt dabei, ja, und drübergeht mit der Stimme ... Ham Sie da keine Ahnung, was das sein könnte? Oder könnten Sie mir vielleicht was zeigen?

ZWEITE VERKÄUFERIN Ja, gucken Sie doch mal hier. Vielleicht von Heintje was.

RAAB Hm, nee ... Ganz sicher bin ich mir da nicht, nee.

ZWEITE VERKÄUFERIN Roberto?

RAAB Roberto? Das ist, äh ... das ist ein ausländischer Text, nicht? Das ist italienisch ... Nein, das ist es auch nicht.

ZWEITE VERKÄUFERIN Und Freddy? Von Freddy das neue Lied?

RAAB Nein, Freddy war es nicht, den hätte meine Frau wahrscheinlich erkannt.

ERSTE VERKÄUFERIN Vielleicht ... *Sie zieht eine Platte hervor.* Das ist jetzt ziemlich groß drin in der Hitparade.

RAAB Und wie heißt das hier?

ZWEITE VERKÄUFERIN Ja, das ist toll.

RAAB Ja, das ist möglich, daß es das ist. Vielleicht spielen Sie mir das mal vor, bitte. *Sie legt die Platte auf. Gleich nach den ersten Takten.* Nee, das ist es nich, das geht nicht am Anfang gleich so mit Temperament los, sondern ziemlich langsame Melodie und son bißchen …

ERSTE VERKÄUFERIN Anschmiegsam?

RAAB Anschmiegsam, ja. Früher hat man ja… Nein, nein danke, das ist es alles nicht. Wie man halt früher auch so getanz hat, man hat ja… Wie ich meine Frau kennengelernt hab, da hat man eng getanzt, gell. Und das ist auch so ähnlich, so Art, ich weiß nicht, das war vielleicht son langsamer Foxtrott oder sowas, war es.

ZWEITE VERKÄUFERIN Sie können das nicht mal vorsingen oder so?

RAAB Vorsingen, ja. Moment mal. Vielleicht den Anfang könnt ich. *Er singt* Di - da - da - dam. Pam, pam, pam, pam, pam. Di - da - da - dam. Pam, pam, pam, pam, pam, pam. Wies dann weitergeht, weiß ich nich, aber…

ERSTE VERKÄUFERIN Da setzt dann der Text ein?

RAAB Ja, der kommt dann gleich, ja, es geht dann noch, es kommt dann noch … Ham Sie da ne Ahnung, was das sein könnte? *Singt* Di - da - da. Da kommt son Schlagzeugwirbel.

ZWEITE VERKÄUFERIN Roberto Blanco.

RAAB Nein.

ERSTE VERKÄUFERIN Ein deutsches Lied ist das schon?

RAAB Ja, ja, das ist ein deutsches Lied. *Singt.* Di - da - da.

ZWEITE VERKÄUFERIN Ist das son bißchen beatig?

RAAB Ja, aber nur ganz leicht, würd ich sagen, nicht sehr.

ZWEITE VERKÄUFERIN Vielleicht das hier. Das ist grade neu, ich leg Ihnen das mal auf. *Sie legt »Geh nicht vorbei« von Christian Anders auf, zu hören ist der Text »Und der Himmel war so nah«.*

RAAB *strahlt* Ja, ja, die ist es ja. Sie ham aber den Anfang jetzt weggelassen, ja.

ZWEITE VERKÄUFERIN Ich spiel es noch mal.

RAAB *summt mit* Ja, ja, die ist es.

Wohnung der Familie Raab

Raab, im Bademantel, sitzt im Sessel. Im Hintergrund ist die neue Platte zu hören. Frau Raab kommt ins Bild. Sie setzt sich aufs Sofa und neckt ihren Mann, indem sie mit dem bloßen Fuß sein Knie streichelt. Christian Anders singt gerade »Komm und verzeih, als wär nichts geschehn. Es ist zu spät, um zu lügen.«

FRAU RAAB Sag mal, weißt du das mit der Party damals? Beim Willi?

RAAB Wie der Willi wegging?

FRAU RAAB *kichert* Ja.

RAAB Ach ja, nicht so gerne. *Er winkt ab.*

FRAU RAAB Erinnerst du nicht gern? *Sie prustet los.* Das glaub ich dir.

RAAB Das war damals mit Christian, jaja, ich weiß schon.

FRAU RAAB Mit Christoph. Warum verwechselst du die eigentlich immer. Es gibt überhaupt keinen Christian. Christoph heißt der.

RAAB Gibts zwei?

FRAU RAAB Nein. Christoph heißt der.

RAAB Ach so, das war der Christoph damals. Ja, das stimmt.

FRAU RAAB Was heißt hier »damals«?

RAAB Der Lange?

FRAU RAAB Bitte?

RAAB Der Lange?

FRAU RAAB Der Lange.

RAAB Was heißt »damals«?

FRAU RAAB Damals wars Christoph. Das gibt gar kein ... kein jetzt.

RAAB Ich dachte, damals wärs Christian gewesen.

FRAU RAAB Also, das verwechselst du schon, seitdem wir uns kennen. Christoph hieß der.

RAAB Ach so, der Lange heißt also Christoph.

FRAU RAAB Ja. Und jetzt vergiß den Christoph, sei so lieb. *Sie setzt sich zu ihm, streichelt ihn. Im Hintergrund läuft die Platte.* Warum hast du mir denn die Platte geschenkt – die hast du mir doch geschenkt, oder nicht?

RAAB Mhm. Die Platte gefällt mir.

FRAU RAAB Mir auch. *Sie streicht ihm durchs Haar.*

RAAB Weißt du eigentlich noch das erste Mal? Damals warn wir, glaube ich, zum Tanzen, wir zwei. Weißt du das noch? Wo ich gesagt hab ...

FRAU RAAB Du, wir haben öfters getanzt.

RAAB Nee, das erste Mal, mein ich. Ich kann mich noch gut erinnern daran. Da sind wir zum ersten Mal zum Tanzen gegangen zusammen. Da warn wir schon zehn- oder fünfzehnmal zusammen. Ich hab dann so am späten Abend so – hab ich gesagt zu dir ... *Seine Frau lacht.* Weißt du? Vor der Haustür?

FRAU RAAB Ja, das tun wir doch nicht, nee?

RAAB ... gesagt, daß ich ... nee, du hast gesagt, die Hausfrau läßt nicht zu, daß ich da rein darf.

FRAU RAAB Naja gut, du bist jedenfalls nicht, oder? *Sie gibt ihm einen Kuß.*

RAAB Nee, da hab ich mich damals schon sehr geärgert.

FRAU RAAB Aber doch jetzt nicht mehr, oder?

RAAB Nee, ich erinnere mich bloß so daran, nich. Wie wir uns geküßt haben. *Er lacht, schüttelt den Kopf.* Da wollt ich mit dir ...

FRAU RAAB Was fandst denn daran so komisch?

RAAB Nee, das nicht, aber wie ich mit hinein wollte. *Er imitiert sie.* Das geht nicht, die Hausfrau, meine Hausfrau ist so bösartig ...

FRAU RAAB *ernsthaft* Du, das ging wirklich nicht, glaub mir das. Das war keine Ausrede.

RAAB Das glaub ich dir schon. Ich hab sie ja später kennengelernt, deine Hausfrau. »Kann ichs verstehen.« Wie lang ist das schon her ...

FRAU RAAB Sehr lange. *Sie küssen sich.* Hast mich lieb?

Sie steht auf, er trinkt einen Cognac.

Familienbesuch

Auf dem Sofa im Wohnzimmer sitzen Raab, sein Sohn Amadeus, Opa und Oma Raab. Frau Raab kommt herein und setzt sich dazu.

OMA Wie gehts denn sonst? Mit der Beförderung, hab ich mal was gehört.

RAAB Naja, von Beförderung kann man nicht sprechen, vielleicht eine bessere Position, so.

OPA Wenn das Gehalt höher wird, nachher geht des wieder.

OMA A bisserl was, ja.

FRAU RAAB Bisserl was, viel nich.

Die Kamera bleibt bei Raab, während im Hintergrund das Familiengeplänkel weiterläuft.

OMA *zu Amadeus* Ja, bei der Oma gehts a bisserl strenger zu. Wennst zu mir nauskommst, gibts nich soviel Kaffee, gell?

FRAU RAAB Na, viel kriegt er ja nicht. *Zu Amadeus.* Oder magst lieber Milch? *Er nickt.* Ja? Magst lieber Milch?

OPA Warum sollte der Bursch schon sündigen?

FRAU RAAB Warum sollte er ... Genau.

OMA *zu Amadeus* Immer komma nich auf Besuch, weißt, dann kannst schon mal kriegen, was du gern hast.

Frau Raab läßt sich die Tassen reichen und schenkt ein.

OMA Kann man dir was helfen?

FRAU RAAB Nee, nee, danke. Wollt ihr Kuchen vielleicht?

OMA Hast du einen?

FRAU RAAB Ja. Ich hab Himbeerkuchen.

OMA Selber gemacht?

FRAU RAAB Nee, hab ich nicht. Also, da bin ich ... in Kuchenbakken bin ich nicht groß.

OMA Ja, ja.

FRAU RAAB Magst einen? *Die Oma bejaht, auch Raab nimmt ein Stück.*

OMA Du stell dir vor – *Frau Raab will etwas sagen* –, entschuldige, daß ich dich unterbrech, ich war vorige Woche mit der Rimbeck im Theater.

FRAU RAAB Ah ja, was habt ihr euch angeschaut?

OMA »Othello« ham wir uns angeschaut.

FRAU RAAB Schön. Hats euch gefallen?

OMA Das war schöööön.

FRAU RAAB Ist Frau Rimbeck denn auch begeistert vom Theater?

OMA Ja, an sich sehr gerne. Als ich gesagt hab »Magst du gehn?« hat sie gesagt »Ja, gehn wir mitsammen.« Und dann hab ich mein Abendkleid angezogen, und dann sind wir rein, und das war recht schön.

FRAU RAAB Was hast denn für eins angezogen?

OMA Das blaue Spitzenkleid hab ich angehabt.

FRAU RAAB Ah ja, schön.

OMA Und dann hab ich gesagt: »Jetzt gehn wir.« Nach der Oper sind wir noch a bisserl eingekehrt hernach beim Glas Wein.

FRAU RAAB Warst du auch dabei, Vati?

OPA Nein, ich war net dabei.

FRAU RAAB Warum denn nicht?

OMA Ach, du weißt schon. Er sagt, das wär nichts für ihn, das interessiert ihn nicht. Oper interessiert ihn nicht.

FRAU RAAB Ich, ich interessier mich schon dafür, ja, ja. Wer hat denn das eigentlich inszeniert, den »Othello«? *Oma weiß nichts darauf zu antworten.* Das weißt du nicht? Wer hat den Othello gespielt? Das interessiert mich schon. Oder gesungen?

OMA Ich bring das nächste Mal das Programm mit, da kannst es mal durchlesen. Ich glaub, dann verstehst es auch besser.

FRAU RAAB Du, ich hab den »Othello« ja auch mal gesehen. Da war die Ouvertüre so entsetzlich laut. War das …?

OMA Ja, hauptsächlich der letzte Akt, weißt du, das ist nachher doch ein bisserl ernst. Ich glaub nicht, daß du hingehn sollst. Da hast nicht so viel davon.

FRAU RAAB Meinst?

OMA Na schau, bist doch jung und lustig, da brauchst doch nicht so was anschaun.

FRAU RAAB *lacht* Das stimmt.

OMA Lieber hingehen, wo a bisserl Beat is, wo grad Tanz is, wos a bisserl nett is, gell?

OPA Die Operetten und sonst dergleichen. *Gelächter.*

OMA *zu Amadeus* Wo hast denn dein Schokolad hinbracht, ha?

FRAU RAAB *lacht* Hat er in einem Sitz aufgegessen.

OMA Ja, was isn das? Is der scho gut, der Altöttinger Schokolad, ha? Da hätt Oma mehr mitbringen sollen, was?

FRAU RAAB *Zu Opa* Wie gehts denn deiner Bindehautentzündung, mit den Augen?

OPA Ja, das ist nicht so, wie sein soll.

OMA Ach, könnt besser sein.

FRAU RAAB Du warst doch schon beim Arzt, nicht?

Schnitt.

OMA Na, da brauch mer dich gar nich, da kömmer Männer nich brauchen, wenn wir in die Stadt gehn.

OPA Aber unser Geld brauchens doch.

FRAU RAAB *lacht* Ja, das schon. Sogar dringend. Und dafür seid ihr ja hauptsächlich da.

OPA Da sind wir die Hauptperson.

FRAU RAAB Nein, nein, ihr seid auch sonst schon die Hauptperson. Das wißt ihr auch genau. Was ist ne Frau ohne Mann, nicht?

OMA Und umgekehrt auch, gell?

FRAU RAAB Das hoff ich doch. *Sie schaut zu ihrem Mann.*

Schnitt: Die beiden Frauen stehen vor einem Bücherregal.

OMA Denn das ist ja meistens für euch, gell, aber wennst ne nette Liebesgeschichte hast, gell, ja irgendwas, derf auch von Kolle was sein ... *Sie lachen.* Ich hab ihn mir nämlich auch anschaut.

FRAU RAAB Ja, ich merk schon. Du, was ich dich fragen wollte, hast du gestern »Alma mater« gesehn? Ich bin nicht dazu gekommen. Das hätt mich sehr interessiert – hast du es gesehn?

OMA Ja, das war sehr schön.

FRAU RAAB Wollen wir uns wieder hinsetzen? *Sie gehen zurück ins Wohnzimmer zu den anderen.*

OMA Das war nämlich ganz nett. Es hat sich gehandelt um einen Chirurgen. Da warn sehr schöne Szenen drin. Also, man sieht halt eben, so richtig aus dem Leben wars gegriffen. Weißt du, daß solche auch Fehler machen können. Da meint man immer, sie sind unfehlbar, gell. Das war schön, hat lang gedauert, bis abends spät.

Während sie sich weiter über das Fernsehprogramm unterhalten, schwenkt die Kamera zu Raab, Opa und Amadeus.
Opa schaut sich das Schulheft von Amadeus an, lobt den Jungen und gibt ihm Ratschläge. »Wenn du nicht selber rechnen kannst, können dich die Leute bemogeln.« Raab sitzt unbeteiligt daneben. Die Kamera schwenkt zurück zu den beiden Frauen.

FRAU RAAB Du machst nicht den Führerschein, nein?

OMA Nein, ich wart, bis der Kurt so weit ist.

FRAU RAAB Der Kurt wird nicht so weit sein, der verläßt sich lieber auf seine Frau.

OMA Der Kurt muß sich schon mal einen Wagen anschaffen.

FRAU RAAB Der Wagen, der ist schon da, ja. Den alten hab ich zu Schrott gefahren. Jetzt haben wir doch einen neuen.

OMA Nein, er soll auch selber einen haben.

FRAU RAAB Seinen eigenen?

OMA Ja.

FRAU RAAB Na ja, wenn das mit der Beförderung klappt.

OMA Ja, freilich.

FRAU RAAB Aber da muß er halt den Führerschein machen. Darum gehts.

OMA Den kriegt er von der Mutter zahlt.

FRAU RAAB Ich glaub, es geht gar nicht so sehr um die Kosten, es geht darum, daß er ...

OMA Also, so intelligent ist mein Sohn schon.

FRAU RAAB Intelligent schon ... nein, nein – aber ein bißchen ängstlich, ein bißchen ängstlich.

OMA Ja, er ist halt bisserl a ruhiger Typ, gell? *Zu Raab.* So ruhig derfst net fahren, als wies sonst bist, gell?

FRAU RAAB Ich fahr ihm ja viel zu verwegen.

OMA Ja, ja. Du bist halt eine rasante Autofahrerin.

FRAU RAAB Nein, nervös. Nervös bin ich ein bißchen.

OMA Nervös. Ja, ja, bist a bisserl verwöhntes Kind, gell? Man hat schon gemerkt, daß daheim a bisserl ... die Einzige warst, a bisserl verwöhnt bist, gell? Kommst aus gutem Haus ...

FRAU RAAB Ja, ich mein, ihr seid ja auch kein schlechtes Haus, nicht?

OMA Nein, nein.

FRAU RAAB Magst eine Zigarette noch mal?

Raab gibt ihr eine Zigarette, zündet sie an.

OMA Mei, bin ich schon froh. Der Kurt hätt... ja, der hat Auswahl gehabt. Daß er dann doch dich genommen hat – scheinbar die Beste, gell?

FRAU RAAB *zu ihrem Mann* Das mußt jetzt du sagen. Das weiß ich nicht. *Die beiden Frauen lachen, Raab schweigt.* Bitte, was soll das heißen, daß du jetzt gar nichts drauf sagst?

OMA Das bringt ihn in Verlegenheit.

FRAU RAAB Bitte nicht! Gar so schlecht bin ich wohl nicht …

OMA Nein, nein, du bist schon recht. *Allgemeines Gelächter.*

Spaziergang im Park

Es hat kräftig geschneit. Die beiden Frauen gehen voraus, ihnen folgen die Männer. Amadeus läuft hinterher.

OMA Das ist doch schön. Ja, das ist sehr schön. Man sieht die Landschaft, wie alles so süß ist. Weißt, was wir gemacht haben: Wir haben so a kleines Vogelhäuserl nett aufbaut, das wird dem Amadeus recht gefallen.

FRAU RAAB Du meinst, im Garten draußen?

OMA Ja.

FRAU RAAB Das haben wir auch. Amadeus, gell, du hast doch dein Vogelhäuschen?

OMA Des hab i gar nicht gsehn. *Zu Amadeus.* Das hättst aber der Omi schon zeigen können.

FRAU RAAB Ja, richtig.

OMA Ja, weißt, bei uns kommen auch die Waldvögel, und da ist so schön draußen. Da gehts schon halt auf Weihnachten, weihnacht-lich … Ah, wegen Weihnachten: Was gibst denn du dem Kurt?

FRAU RAAB Ja, das haben wir ja besprochen, es gibt … den Kurt, meinst du. Ja, ich hab an an einen Anzug gedacht. Er bräucht einen neuen.

OMA Ja, hast du da was gespart?

FRAU RAAB Na ja, schon.

OMA Ja?

FRAU RAAB Ja, ein bißchen was.

OMA Ja, was heißt »ein bißchen was«? Ich mein, du weißt ja ganz genau, ich möcht halt nicht haben, daß du grad mit Weihnachtsgeld den Kurt belastest, denn er möcht ja dir bestimmt auch ne Kleinigkeit…

FRAU RAAB Er kriegt ja vom Betrieb Weihnachtsgeld, schau.

OMA Ja, ja. Aber ich mein, daß es dann du das finanzierst, solche Überraschungen. Ich machs ja auch so. Ich bin halt immer um diese Zeit meistens schnell noch auf Arbeit, auf kurze Zeit.

FRAU RAAB Du, Kurt will nicht, daß ich arbeite. Begreif doch das endlich mal. Und es reicht mir auch.

OMA Ja, es soll ja bloß sein. Grad bei solch einem Anlaß wie Weihnachten ... Du mußt doch nicht immer gehen. Aber daß da, wenn du so Kleinigkeiten hast, nicht zum Kurt kämst, wie einen Anzug oder was, daß des eben von deim Geld ging. Weißt, ich mein dirs ja gut.

FRAU RAAB Ich erwarte von einem Mann doch eigentlich schon, daß er die Familie ernähren kann. Er kann das, also – worum gehts eigentlich in dem Gespräch?

OMA Nein, es geht darum, daß du ihn wirklich überraschst, und sagen tätst: Schau mal, das hab ich mir verdient, das ist mal nicht von deinem Geld. Das ist das Nettere, weißt du?

OPA Mutti!

OMA Was denn? *Sie dreht sich um.* Wo ist der Kleine?

FRAU RAAB *ruft* Amadeus!

OMA Du, schau mal, daß er nirgends läuft, irgendwo raufklettert aufn Baum, oder was?

FRAU RAAB Amadeus!

OMA Ich schau mal da rüber. *Ruft.* Amadeus! Hallo! *Zur Schwiegertochter.* Ja, da mußt eben mal schaun aufs Kind!

FRAU RAAB Ja du, ich hab mich mit dir unterhalten. Das weißt du.

OMA Das ist ganz gleich. Du hast einen Bub, da mußt halt schauen. Du kannst dich doch nicht auf mich verlassen. *Frau Raab ruft weiter nach dem Jungen.* Da kannst doch nicht sagen, ich schau ... Du mußt halt bißchen Obacht geben! Da soll ich ihn mit zu mir rausnehmen, und der hört gar net und schaut gar net.

FRAU RAAB Amadeus!

OMA Du weißt ja, der klettert aufn Baum rauf. Solche festen Schuhe hat er ja auch nicht an. Was ziehst du ihn nur so dünn an. *Frau Raab ruft weiter.* Ja, jetzt brauchst gar nicht zornig sein, hättst halt Obacht geben aufs Kind ...

FRAU RAAB Du, ich bin nicht zornig, ich such ihn!

OMA Ja, das seh ich, wie du suchst.

RAAB *aus dem Off* Ich hab ihn schon!

OMA Ist er da? Amadeus!

FRAU RAAB *zu Amadeus* Sag mal, was fällt dir denn ein, du bist doch kein Säugling mehr!

OMA Ach siehst, da hinten steckt er.

RAAB *kommt mit Amadeus* Der Bub, der wollte ein bißchen spielen.

OMA Mußt a bisserl schauen. Ich muß es ja auch, wenn er bei mir draußen ist über Weihnachten, und ich tät nicht achtgeben ...

RAAB Mama. Aber das ist ja kein Unrecht, der wollt sich ein bißchen verstecken.

Frau Raab nimmt Amadeus an der Hand; beide marschieren voraus. Sie macht ihm Vorwürfe. Im Hintergrund zetert die Oma weiter.

OMA Aufm Baum klettern oder sonst was.

RAAB Das hat er noch nie gemacht. Er läuft immer viel rum.

OMA Man muß ja auch ein bißchen Obacht geben, man ist ja für ihn verantwortlich.

FRAU RAAB Ich habe auf ihn aufgepaßt. Eine Sekunde, wenn man nicht aufpaßt, dann kann er halt mal weg sein. *Zu Amadeus.* Und ich finde, du bist mit deinen acht Jahren nun wirklich alt genug ...

OMA Ja, du mit deine Sekunden immer.

RAAB Streitet doch nicht.

OPA Das ist schon vorbei.

OMA Ja, ja, freilich. Ja natürlich ist sie verärgert und rennt voraus.

FRAU RAAB Ich bin nicht verärgert. Aber ich finds nicht nötig, daß wir ewig streiten.

OMA Das ist doch nicht streiten. Man darf doch noch auch mal ne Meinung haben. Ich bin ja schließlich älter.

Im Büro – Chefzimmer

Raab sitzt dem Chef gegenüber.

RAAB Das beunruhigt mich auch ein bißchen, die Situation des Garagenhofes da.

CHEF Der Garagenhof. Wenn wir uns vorstellen, das ist das Treppenhaus – *er nimmt zur Demonstration Schreibtischutensi-*

lien –, das hat in etwa diese Proportion. Dann steht der zweite Körper hier. Nun, auf Ihrer Zeichnung, ich wollte es vor den anderen nicht sagen, ist die Südpassage und die Westpassage durchaus ordentlich gelöst. Aber mir scheint, daß die Ecklösung, nämlich in den Garagenhof hinein ... Also hier von der ... das ist die Ostseite dann, Sie wissen, was ich meine ...

RAAB Ja, ja.

CHEF Die müßte überdacht werden. Schauen Sie mal: Hier zum Beispiel haben wir ein adäquates Beispiel. Da ist Ihnen ein Fehler passiert. Sie haben sich verleiten lassen, jetzt ... Die Zeichnung ist ja ein zweidimensionales Gebilde, wir suggerieren ja die dritte Dimension. Sie haben die Ecklösung, den Übergang zu dem aufstrebenden Körper einfach nicht geschafft.
Wenn Sie jetzt weiter bedenken, daß im Hauptbüro ja das Treppenhaus selbstgemacht wird später, und wir jemanden brauchen, der dann sukzessive die Angelegenheit weiter ausbildet, dann würd ich Sie doch bitten, daß Sie mal versuchen – *Er verschiebt die Demonstrationsobjekte.* Kriegen wir das wieder hin, so wie das vorhin war, ja? –, diesen Übergang, den räumlichen Übergang vor allem, zum vertieften Ostraum zu schaffen. Was noch vielleicht zu machen wäre ... Pardon. *Er greift zum Telefon, spricht in den Hörer.* Frau Eder? – Ja. – Ich mach es später. Danke schön. Ja. – Ja, ja. Danke. *Er legt auf.* Wo war ich stehengeblieben? Richtig. Diese räumliche Anbindung des Garagenhofes, vor allem zu dem sich dann anschließenden Terrassengebilde. Wenn Sie sich jetzt an die beiden Eschen und die Buche erinnern, die wir erhalten wollen, das ist sehr wichtig.
Ich würde vorschlagen, daß Sie das vielleicht mal mit einem Modell versuchen. Viel Zeit haben wir nicht mehr. Aber, Sie wissen, frei nach dem Motto: »Und ewig singen die Wälder«, zweiter Teil. Machen Sie mal den dritten Teil dazu, Björndahl dabei vergessend ... Sie verstehen mich, was ich meine, mit der Geschichte?

RAAB Ja, ja. Ja.

CHEF Technisch sauber ist etwas zu wenig. Man sollte versuchen, sich zu steigern.

Mittagspause im Büro

Am Tisch sitzen Raab, Baer, Moland und Frau Eder. Sie essen und trinken Kaffee; auf dem Tisch steht ein Adventskranz.

MOLAND Einer kommt in die Zentrale.
RAAB Das ist nicht sicher.
MOLAND Doch ein Platz ist frei ... wird frei.
BAER Ja, ich werds kaum sein.
FRAU EDER Bestimmt Herr Raab.
RAAB Könnte auch Herr Moland sein.
MOLAND Mhm, mhm, bin ja noch gar nicht so lang ...
RAAB Moment. Frau Eder, Sie sind doch am längsten hier.
FRAU EDER Mhm, mhm, mir gefällts hier gut, ich bleib hier. Das ist ja auch nicht wahr, daß sie mehr verdienen da im Hauptbüro. Neulich hab ich den ... wie er heißt der doch schnell, den Dingsda, den Faltermeier – kennt ihr den noch?

Alle reden durcheinander.

RAAB Faltermeier, ich hab ihn noch erlebt.
FRAU EDER Ja, Sie kennen ihn auch? Also, den hab ich getroffen, und der hat gesagt: »Was fragen Sie?«
RAAB Was, er verdient auch nicht mehr? *Frau Eder verneint.* Doch, glaube ich schon. Da hat er bestimmt nicht die Wahrheit gesagt.
BAER Dann bleiben Sie halt da.
RAAB Ja, die Arbeit ist zum Teil interessanter ...
FRAU EDER Ja, der bleibt bei uns, ja?
RAAB Der Aufgabenbereich wär vielleicht ein bißchen größer da drüben als hier. Meinen Sie nicht?
MOLAND Bißchen abwechslungsreicher.
BAER Warum trinkt der nicht Kaffee mit uns?
FRAU EDER Mag nicht.
MOLAND Hat gemeckert irgendwie?
FRAU EDER Gar nichts.

Das Gespräch plätschert so dahin. Baer schnorrt sich eine Zigarette. Frau Eder bemüht sich um das Betriebsklima.

FRAU EDER Schmeckts?
BAER Warum – hört mans? *Alle lachen.*
MOLAND Nicht direkt.
FRAU EDER Sagen Sie mal Pusteblume, Herr Moland. *Er tuts.*
  Je voller der Mund, desto besser die Aussprache. *Alle lachen.*
MOLAND *zu Raab* Sind Sie eigentlich schon fertig mit ihrem Esso-
  Hotel?
RAAB Nee, nee. *Er murmelt etwas von schwieriger Aufgabe.*
MOLAND Ich hab so viel Fenster.
RAAB Die Fenster? Zeichnen Sie nicht gern Fenster?

Auf der Straße

*Auf dem Bürgersteig Raab und seine Frau. Er geht zielstrebig, sie
wirft ab und zu einen Blick in die Schaufenster.*

FRAU RAAB Ja, weißt du, die ist für mich hysterisch, da gibt es
  keinen anderen Ausdruck mehr. Das müßtest du erlebt haben, wie
  neulich bei dieser Gasexplosion, die sie hatten, wie die sich
  aufgeführt hat. Das glaubst du nicht! Das hältst du nicht für
  möglich. *Sie imitiert die Nachbarin.* Nein, was mach ich nur,
  wenn mein Mann nach Hause kommt! Das wird ja soviel kosten,
  und beinah wäre ich gestorben, stellen Sie sich vor, da wär noch
  mehr Gas drin gewesen ... *Wieder normale Tonlage:* Daß sie
  keinen Schaum vorm Mund hatte, ist alles. Ich kann auch mit
  denen nicht auskommen, das weiß ich. Diese Meckerei auch ewig
  und der Lärm, den die macht, und so weiter und so fort. Du
  genießt es ja mal ab und zu abends, aber ich hab sie die ganze Zeit.
  Sie zeigt auf ein Schaufenster. Guck mal, möchst du so was in der
  Wohnung haben? – Ihr Mann ist ja auch nicht besser. Im Grunde
  genommen passen die sehr gut zusammen. Mit dem zusammenle-
  ben ... Oh, guck mal, komm mal her! *Sie bleibt vor dem
  Schaufenster eines Antiquitätenladens stehen.* Schau mal. Ist die
  nicht hübsch, du? Neoklassizistisch. Ist doch schön. Wollen wir
  die nicht kaufen? Nur mal fragen, na, was die kostet?
RAAB Nee, nee.
FRAU RAAB Du hast aber auch gar kein Kunstverständnis. *Sie
seufzt.* Man muß verzichten können.

Schule

Elternsprechstunde. Die Lehrerin verabschiedet ein Elternpaar, die Raabs kommen herein.

FRAU RAAB Ja, Fräulein Ulrich, ich wollte mich nach Amadeus ein bißchen erkundigen. Was er so macht.

LEHRERIN Ja, ich freu mich sehr, daß Sie gekommen sind. Es ist ein bißchen schwierig mit Amadeus. Zunächst im Rechnen ist er halt etwas schwach.

FRAU RAAB Ja, ich weiß.

LEHRERIN Üben Sie denn zu Hause genug?

FRAU RAAB Ja, natürlich. Ich mach die Hausaufgaben mit ihm und beschäftige mich anschließend noch mit ihm. Ich denke aber, es ist ein bißchen besser geworden, finden Sie nicht?

LEHRERIN Also, im Kopfrechnen ist er nicht so schlecht. Wenn er sich konzentriert – das ist allerdings wichtig bei ihm. Und die Schwierigkeit ist die, daß er oft sehr verspielt ist. Und wenn die Klasse längst eine Aufgabe gelöst hat, hat er überhaupt noch nicht begriffen, was überhaupt gefragt worden ist. Ich hab ihn neulich einmal aufgerufen, da ging es um das 6 × 6-Einmaleins, und wir haben gefragt 6 × 7? Die anderen Kinder hatten längst die Antwort bereit, und ich habe Amadeus gefragt, was ich überhaupt gefragt habe, und er hat überhaupt nicht aufgepaßt und zugehört. Und daran merkt man natürlich, daß er wenig konzentriert ist. Es liegt nicht an der Intelligenzschwäche bei ihm, auf keine Fälle. Ich habe mit der Psychologin vor zwei Tagen gesprochen. Die hat einen Intelligenztest mit ihm gemacht, und der ist normal ausgefallen. So müßte er, vom Intelligenzquotient her, zum guten Durchschnitt der Schüler gehören. Es liegt eben bei ihm an der Konzentration und daran, daß er manchmal sehr verschlossen ist. Er gewöhnt sich wenig an die Klassengemeinschaft. Und da ist es vielleicht wichtig, einmal zu erfahren: Wie ist es zu Hause mit seinen Freunden? Schließt er sich da gut an?

FRAU RAAB Ja, er hat zwei gute Freunde eigentlich, ein Mädchen und einen Jungen. Ist mir eigentlich nicht aufgefallen, daß er …

LEHRERIN Haben Sie einmal beobachtet, wie er zu Hause mit ihnen spielt, mit den Freunden? Schließt er sich da etwas aus oder wird er angenommen von den Freunden?

FRAU RAAB Nein, ganz im Gegenteil. Er kommt sehr gut zurecht mit ihnen. Ist mir das bis jetzt noch nicht aufgefallen.

LEHRERIN Sie haben also nicht den Eindruck, daß er ein bißchen von oben herab betrachtet wird oder so etwas?

FRAU RAAB Nein, nein. Obwohl ich das befürchtet hab ein bißchen. Wie Sie bemerkt haben vielleicht, er hat mit dem »sch« Schwierigkeiten.

LEHRERIN Ja, das habe ich bemerkt in den Lese- und Schreibübungen bereits und im Diktat ...

FRAU RAAB Hat er Schwierigkeiten in der Klasse?

LEHRERIN Ja. Allerdings die Klasse reagiert sehr loyal in dieser Weise und hat ihn nie gehänselt oder so etwas. Was mich sehr freut bei solchen Kindern, weil da ja ... ein Kind beeindruckt werden kann, daß es schon gar nicht mehr leisten will, und das ist etwas schwierig.

Aber Amadeus hat eigentlich da keine Angst, muß man sagen, vor der Klasse, daß sie sich über ihn lustig machen oder so etwas. Wir haben noch ein anderes Kind, das eben »p« und »f« nicht gut unterscheiden kann und auch da im Diktat oft Fehler schreibt. Auch das wird nicht gehänselt. Insofern ist also die Klassengemeinschaft kein ... keine Schwierigkeit für ihn.

Wie ist es denn zu Hause, hat er genug Ansprache bei Ihnen?

FRAU RAAB Ja, ich mein, ich geh nicht arbeiten. Ich hab an sich Zeit für ihn.

LEHRERIN Ja, Sie sind nicht berufstätig, ja. Das ist natürlich sehr wichtig bei Kindern. Kommt er denn oft mit Fragen zu Ihnen?

FRAU RAAB Ja, eben, habe ich auch festgestellt, er ist eben ein bißchen verschlossen, eigentlich nicht. Ich muß ihn eher ausfragen. Er neigt dazu ...

LEHRERIN Aha. Er berichtet nicht von sich aus einmal, was ihn beeindruckt hat in der Schule? Oder von einem Wandertag oder einer Turnstunde?

FRAU RAAB Nun, das muß er ja erzählen, weil er erstens früher weg muß oder irgendwie. Aber dann anschließend, da erzählt er auch nichts. Da haben Sie vollkommen recht: Er ist etwas verschlossen.

LEHRERIN Ja, das könnten Sie vielleicht insofern etwas aktivieren, daß Sie ihm vielleicht eine Frage stellen, einen gewissen Impuls geben und ihn von da aus frei reden lassen. Das ist immer wichtig

bei Kindern. Daß sie geschult werden im mündlichen Ausdruck
usw.

FRAU RAAB Ja, das tu ich an und für sich schon.

Raab sitzt während der ganzen Szene stumm neben seiner Frau.

Wohnung der Familie Raab

Frau Raab hat die Nachbarn zu sich eingeladen. Auf der Polstergarni-
tur im Wohnzimmer sitzen Irm, Doris sowie Ingrid und Hannes;
Frau Raab ist noch in der Küche. Hannes bietet den Frauen Zigaretten
an. Frau Raab, die das gehört hat, schreit aus der Küche: »Wenn Sie
Zigaretten wollen, bedien Sie sich!« Die Frauen nehmen von Hannes;
er gibt ihnen Feuer und steckt sich selbst eine Zigarette an.

INGRID Aber machen Sie sich nicht so viel Umstände!
FRAU RAAB *off* Nein, nein. Ich bin sowieso dabei.
IRM *leise* Sehr hübsche Einrichtung hier.
DORIS Doch, ja.
IRM Relativ teuer – für einen technischen Angestellten…
DORIS Technischer Zeichner ist er.
IRM Ah ja, technischer Zeichner.
DORIS Ich kann mirs auch nicht recht vorstellen, aber … Nun ja.
IRM Sie verdient doch nicht mit, oder?
INGRID Ich weiß nicht. Das kann ich mir nicht vorstellen so was.
DORIS Meinen Sie?
IRM Vielleicht hat ers nötig.

Frau Raab, ein Tablett in der Hand, kommt aus der Küche. Sie stellt
das Kaffeegeschirr auf den Tisch und schenkt ein.

INGRID *zu Hannes* So ähnlich wie bei uns hier?
FRAU RAAB Ja, die Räumlichkeiten sind dieselben. – Wir werden ja
   nicht mehr lange Nachbarn sein, wissen Sie das schon?
INGRID Ach nee, wieso?
FRAU RAAB Ja, mein Mann wird sich wahrscheinlich verbessern in
   der nächsten Zeit. Und … na ja.
DORIS Beruflich?

FRAU RAAB Ja, ja, beruflich. Und da werden wir wahrscheinlich ausziehen. Auch eine größere Wohnung, das wär ganz schön.

INGRID Was macht denn Ihr Mann da?

FRAU RAAB Ja, er kommt wahrscheinlich in die Verwaltung. Ist auch wahrscheinlich ne andere Stadt. Na ja. *Zu Hannes.* Darf ich mich zu Ihnen setzen?

HANNES Ja, gern.

DORIS Ja ... ist das dann auch finanziell besser?

FRAU RAAB Ja, doch. Ja, ja.

INGRID Schön.

IRM Gibt es denn hier keine Möglichkeiten?

FRAU RAAB Ja doch, aber nicht so gut halt. *Sie nimmt eine Zigarette. Zu Hannes.* Haben Sie Feuer? *Er gibt ihr Feuer.* Ich mein, das soll man ja nicht verschreien, es ist noch nicht hundertprozentig.

INGRID Aber schon mit dem Verdienst das ...

FRAU RAAB Das ... das würde sich ganz erheblich verbessern, ja. Ich denk schon.

INGRID Ihr Mann ist ja auch ein bißchen ziemlich auseinandergegangen so ...

FRAU RAAB Ja?

INGRID Ich mein, ihm stehts ja.

FRAU RAAB Ja, finden Sie?

INGRID Aber auf einmal so, ich mein, er ist schon gesund und alles ... *Verlegenes Lachen in der Runde.*

DORIS Wenn Sie jetzt da wegziehn, Ihren Sohn ... Mein Sohn sagte mir, es wär nicht so ganz gut mit ihm in der Schule.

FRAU RAAB Ach ja, wissen Sie, er macht jetzt hauptsächlich das, was ihm Spaß macht. Und Rechnen usw., das macht ihm keinen Spaß, ja leider. Dafür singt er sehr gut, und er turnt auch sehr gern. Und da ist er dann ganz gut.

HANNES Ja, das finde ich sehr hübsch, das sollte man eigentlich fördern.

FRAU RAAB Ja, eben. Vielleicht, ich mein, Sänger wird er ja wohl nicht werden, aber – *sie lacht* – wenn er gern singt ... Ich weiß auch nicht, ob das in dem Alter schon was sagt.

HANNES Ja, ich glaube nicht, nein. Da können Sie ganz beruhigt sein. Meiner Erfahrung nach ist das in dem Alter noch gar nicht festzustellen ...

FRAU RAAB Ja, ich glaub auch.

HANNES ... wo eine Begabung hinzielt oder nicht. *Zu Ingrid.*
Unsere sind auch ganz hübsch verspielt, nicht?

INGRID Ach ja. Die Christel ist ja ärger...

FRAU RAAB Der Michael spielt immer so nett mit Amadeus.

INGRID Ja. Ja.

HANNES Tja. *Das Gespräch stockt.*

FRAU RAAB Schmeckt der Kaffee eigentlich?

DORIS Ja, sehr gut. Wollt ich gerade sagen, er ist sehr gut.

INGRID Können Sie diese Möbel denn auch alle gebrauchen in der
neuen Wohnung?

FRAU RAAB Ja, das weiß ich noch nicht. Ich hab sie ja noch gar
nicht angesehn.

INGRID Aber wahrscheinlich schafft man sich was Neues dann an.

FRAU RAAB Ja, vielleicht. Ich mein, wenn die Räumlichkeiten
anders sind, dann muß ich ja ...

INGRID Und wenn man auch mehr verdient, dann gehts ja.

FRAU RAAB Eben.

INGRID Ja, und so kulturell und so? Da sind Sie sowieso nicht so
oft ... gell? Theater und so, das macht Ihnen nichts?

FRAU RAAB Ja, doch. Ich eigentlich schon.

INGRID Ja?

FRAU RAAB Doch ja. Ich geh ganz gern ins Theater. Und Oper und
so.

INGRID Also, wir könnten es gar nicht vermissen.

FRAU RAAB Ja, ja. Das liegt natürlich am Beruf Ihres Mannes auch.

INGRID Und vielleicht mit der Umschulung und mit Ihrem Sohn,
aber ...

FRAU RAAB Ja natürlich, das sind Schwierigkeiten, das ist klar.
Aber ich mein, da muß man natürlich abwägen, was wichtiger ist,
finanziell oder ... Natürlich ist der Sohn wichtiger. Aber ich
hoffe, daß er sich da auch einlebt.

HANNES Ja, klar.

INGRID Also, das ist ja ein richtiger Kontrast, würd ich sagen ...

FRAU RAAB Ich meine, als Kind ist das auch nicht so schlimm. Ein
Kind stellt sich vielleicht leichter um sogar als Erwachsene.

INGRID Wahrscheinlich.

HANNES Kinder sind sehr wandlungsfähig.

FRAU RAAB Ja, eben.

DORIS Anpassungsfähig.
FRAU RAAB Ja.
HANNES Sie sagen es.
DORIS Wo waren Sie denn in den Ferien?
FRAU RAAB *verlegen* Ja ... wir waren nicht äh weit weg.
   In Altötting, bei den Eltern.
DORIS *lacht* Ach Gott!

Betriebsfeier

Der Chef und die Angestellten nebst Anhang sitzen in der Kneipe.
Die Gesellschaft ist schon etwas angeheitert.

CHEF *erhebt das Glas* Unsere Tänzer!
RAAB *prostet ihm zu* Chef!
CHEF Frau Eder! Prost!
BAER Tippse! Tippse!
CHEF Das ist streng verboten. Tippse – diese Bezeichnung ist
   streng verboten.
FRAU EDER *zu Baer* Baby! Benjamin!
BAER Unsere Tippse!
CHEF Nicht zivilisiert!

Die Kamera schwenkt auf Moland, der mit der Frau des Chefs
tanzt.

FRAU MARON *zu den anderen* Bitte! Also ...
FRAU RAAB Sie kanns nicht ertragen, allein zu sein ...
CHEF Solotänzer haben den Vorzug, daß sie exklusiv sind. Die
   Wichtigkeit des Ereignisses wäre viel ... quatsch ... zu gering. So
   seid ihr was.

Raab fordert, allgemein beklatscht, seine Frau zum Tanzen auf:
»Dann sind wir schon vier.« Doch nach einigen Takten ist der
Walzer zu Ende.

Schnitt: Baer, offenbar betrunken, liegt mit dem Kopf auf dem Tisch
und schläft. Raab hält eine Rede.

RAAB Liebe Frau Maron, lieber Herr Maron, liebes Fräulein Maron, lieber Chef, meine lieben ... meine liebe Arbeitskollegin, liebe Arbeitskollegen. Erlauben Sie mir, daß ich heute einmal ein Wort darüber spreche über unser Betriebsklima, welches, so glaube ich, ein sehr gutes ist. Man könnte vielleicht sogar sagen, daß es äh ... daß es nicht nur gut ist, sondern auch sehr freundlich, äh, das heißt, die Atmosphäre ist sehr freundlich, und im großen und ganzen äh ... sozusagen kooperativ ist. Aber, wie gesagt, wir bestehen ja nicht im Allgemeinen äh ... wir sind ... nicht ein Ganzes, sondern wir bestehen im gewissen Sinne aus äh Individuen. Und hier vor allem möchte ich doch eine Person erwähnen, das ist unsere liebe Frau Eder, der ich herzlich gratulieren möchte. Liebe Frau Eder, Sie sind eine ganz äh... eine durch und durch hilfsbereite Person – *sie kichert* –, und wenn jemand für unser Betriebsklima etwas tut, dann sind Sie es. *Die Frau des Chefs hustet demonstrativ.* Aber auch unser Herr Moland, der ist zwar, wenn ich das mal sagen darf, sehr kritisch, aber es ist ein sehr angenehmer Arbeitskollege. Auch unser Benjamin, der hat ja heute ein bißchen ... aber das kommt ja daher, daß er ... daß er sich sehr wohl fühlt bei uns und daß er heute also nun ... Sie werden das entschuldigen, lieber Chef, ja, wenn er sich heute ein bißchen betrunken hat. Das ist ja nun nicht weiterhin schlimm, wir arbeiten ja morgen nicht, äh. Ich möchte aber nicht vergessen, unserm lieben Chef auch ein ... ein Wort des Dankes auszudrücken dafür, daß er uns zwar streng behandelt, aber gütig. *Er hebt sein Glas.* Lieber Herr Maron, wollen Sie denn nicht ... mit mir jetzt Bruderschaft vielleicht ...

FRAU MARON *lacht auf* Ich glaube ...

CHEF Nein, nein. Immer mit der Ruhe, ja ...

RAAB Wir haben ein ... ein so gutes, ein so gutes Arbeitsverhältnis. Wenn Sie auch der Chef sind, dann können Sie doch jetzt mit mir ...

CHEF *wehrt ab* Nein.

FRAU MARON Wir müssen los. Dann kommen wir doch nicht mehr nach Hause.

RAAB Wieso wollen Sie denn jetzt?

CHEF Herr Raab, es ist schön ...

RAAB Wenn Sie doch der Chef sind ... Das Betriebsfest ...

Allgemeines Durcheinander. Der Chef, seine Frau und die Tochter stehen auf.

CHEF Nein, nein, ich muß mich wirklich entschuldigen. Sibylle hat
es noch weit nach Hause.

RAAB Ja, aber trinken Sie doch noch schnell ...

CHEF Ganz sicher, ich kann sie heute nicht nach Haus fahren ...

SIBYLLE Ich muß selbst fahren, es ist Schnee draußen.

CHEF *wehrt ihn ab* Herr Raab, Bruderschaft, das reicht nicht aus,
das reicht wirklich nicht aus.

FRAU MARON Wiedersehn.

RAAB Das ist doch, ist doch gut für unseren Zusammenhalt ...

CHEF Ist gut, Herr Raab. Sie entschuldigen mich.

RAAB Wollen wir nicht Bruderschaft ...?

CHEF *bestimmt* Nein.

FRAU MARON *verabschiedet sich* Machen Sie nur weiter jetzt noch.

CHEF Wir wollen jetzt wirklich nicht das Fest kaputt machen.

RAAB Das wär doch noch so schön gewesen, wenn Sie jetzt noch
mit uns Bruderschaft trinken ...

FRAU MARON Das müssen Sie schon verstehen, es ist wirklich sehr
weit zu fahren.

*Sie ziehen die Mäntel an und gehen. Die Tür fällt ins Schloß. Statt
der ausgelassenen Stimmung von vorhin herrscht nun betretenes
Schweigen.*

FRAU RAAB *zischt ihren Mann an* Du hast wohl gar kein Interesse
daran, befördert zu werden?

RAAB Was hab ich denn gesagt?

FRAU RAAB Wie du dich aufgeführt hast! Hast du gar kein Gefühl
dafür, was nun am rechten Platz ist und was nicht?!

RAAB Was war denn am falschen Platz?

FRAU RAAB Bitte, ja. Je älter du wirst, desto dümmer wirst du.
Und fetter – die Nachbarn reden schon davon.

RAAB Die Nachbarn!

FRAU RAAB Die Nachbarn, jawohl.

RAAB Frau Eder hat auch gesagt, das war eine schöne Rede.

FRAU RAAB Frau Eder ist Frau Eder, und die Nachbarn sind die
Nachbarn.

RAAB Du redest zu viel mit denen.

FRAU RAAB Mußt dich ein bißchen zurückhalten. Das ist es, in allem. Außer zu Hause, da bist du schweigsam wie ein Fisch. Wenns dich dann packt, dann redest du und machst Stuß.

Wohnung der Familie Raab

RAAB *nimmt das Schulheft von Amadeus* Komm mal mit. *Vater und Sohn setzen sich aufs Sofa.* Lies mal vor.

AMADEUS Der Adler. Der Adler ist ein großer Vogel und hat ganz weite und – *er stockt* – schöne Schwingen.

RAAB Ja, das müssen wir jetzt noch mal üben, hier das »sch«. Schöne Schwingen.

AMADEUS Schöne Schwingen.

RAAB Sag mal nur ein »sch«. »Sch« allein.

AMADEUS Sch, sch.

RAAB Zunge ein bißchen weiter zurück: Schsch.

AMADEUS Sch.

RAAB Noch weiter zurück die Zunge.

BEIDE Sch. Sch.

RAAB So, nun sag noch mal: Schöne Schwingen.

AMADEUS Schöne Schwingen.

RAAB Das war noch nicht schön. Noch mal.

BEIDE Sch. Sch. Sch.

AMADEUS Schöne Schwingen.

RAAB Wenn du immer so ein »sch« hier hast oder ein »s«, denk immer daran. Üb das ein bißchen, sonst kriegst du später mal Schwierigkeiten. So, fang noch mal an.

AMADEUS Der Adler. Der Adler ist ein großer Vogel und hat ganz weite und schöne ... Schwingen. Er kann sehr hoch fliegen. Von oben sieht er alles ganz ...

RAAB Hm. *Zeigt auf den Buchstaben.* Was ist das?

AMADEUS Z.

RAAB Ja. Noch mal den Satz.

AMADEUS Von oben sieht er alles ganz klein, und er schaut weit in die Welt. Seine Jungen, wenn sie groß sind, fliegen einfach weg und kommen nie mehr wieder. Im Zoo habe ich einen Adler gesehen. In seinem Käfig ist er traurig und bewegt sich nie – *er korrigiert sich* – nicht. Aber wenn er frei ist, fliegt er hoch und macht Kreise, der große schwarze Vogel. *Er schaut zum Vater.*

Im Büro

RAAB *telefoniert* Ja, hast du noch vor, jemand andern zu besuchen auch? – Ja, du, nee, das weiß ich nicht, wo die jetzt sind. Ja, die werden irgendwo, auf dem Land verstreut. – Ach so, das willst du auch ... willst du auch gleich erledigen. – Ja, mhm. – Ja, vielleicht können wir dann übers Wochenende mal zusammen hinfahren. Ich würde mir das auch gern wieder einmal anschauen, Straubing. – Nicht? – Ich war schon lange nicht mehr da. Es hat sich allerhand verändert da jetzt.
CHEF *kommt herein* Herr Raab?
RAAB Ja, bitte?
CHEF Bei allem Verständnis für Ihr künstlerisches Eigenleben und Ihr persönliches Mitteilungsbedürfnis: Wäre es nicht möglich, die Telefongespräche wenigstens zu dieser verdammten Tageszeit einzuschränken! Ich krieg Köln seit einer halben Stunde nicht. Bitte! Seien Sie so freundlich.
RAAB Ja, entschuldigen Sie. Entschuldigen Sie vielmals. *Ins Telefon:* Also, ich muß Schluß machen. Bis heute Abend, gell? Wir sehen uns dann so um sieben rum. Tschüß! *Er legt auf. Moland wirft ihm einen spöttischen Blick zu.*

Wohnung der Familie Raab

Raab, seine Frau und sein Schulfreund Willi sitzen auf der Polstergarnitur im Wohnzimmer.

RAAB Hat mich aber nicht mehr erkannt, wahrscheinlich schon völlig vergessen. *Sie lachen.* Ich wollte ...
WILLI Ich wollte ...
RAAB Hat sich gar nicht mehr verändert.
WILLI Er wollte mir aus irgendeinem Grund eine schmieren ...
RAAB Ja, ich weiß schon. Ja, ja.

WILLI Er jagte mich um den Tisch herum, so ne richtige Jagd ...

RAAB Mit rotem Kopf, und einen Stuhl hat er in der Hand gehabt und geschrien: »Dich krieg ich schon, dich krieg ich schon«.

WILLI *lacht* Ja, ja.

RAAB So schnell bist du noch nie gelaufen.

WILLI Da wurds mir aber zu dumm, darum hab ich mich an der Tür umgedreht und hab gesagt: »Jetzt hau i dir« ... und da hat er einen Moment gezögert und dann hat er zugeschlagen.

RAAB Hast du nicht ein Tintenfaß oder sowas geschmissen nach ihm?

WILLI Ja.

RAAB Weißt du, der Geiger-Kurt und der Moland und noch ein paar, wir sind denn hintergestanden und haben furchtbar gelacht über die Szene, und dann hat er, glaub ich, zuerst dem Geiger eine geschmiert. Und dann ist er dir weiter nachgelaufen. Vorher hat er sich so geärgert, weil wir so gelacht haben. Der Geiger, der war immer bißchen noch lauter als wir, dem hat er eine gepatzt, und dann ist er weiter durch die Gänge durch, bis zum Schlafsaal hoch ist er dir nachgelaufen. *Seufzt.* Ach ja ...
Und der Wasch, der war in der Zwischenzeit natürlich, das hat man ja damals schon gemerkt, in einer Heilanstalt, ja, weil er einen Verfolgungswahn gehabt. Der war immer, in letzter Zeit, da ging er immer zum Bahnhof, und wenn ihn dann jemand traf, ein Bekannter, sagte er, er warte auf den D-Zug nach Paris, weil in Straubing wird er verfolgt von ... nicht nur von Schülern, sondern auch von den Lehrern, von seinen Kollegen, der Roßberg und der Nanzinger, die verfolgen ihn da, hat er gesagt. Das sind seine Feinde, und die wollen ihn umbringen, und auch eine Nachbarin hat er gehabt, die ihn auch umbringen will, ja. Und da haben sie ihn dann, glaub ich ... ein paar Monate war er weg, aber wieder an der Schule unterrichtet, wieder Englisch, nicht?

WILLI Ja.

RAAB *imitiert den Lehrer* Rabenbauer, Sie sind doch Präsident, nicht, nehmen Sie sich ein bißchen zusammen!

WILLI Das hat er doch damals schon angefangen. Ich kann mich erinnern, daß er bei uns immer jemand gesucht hat, der das war, der ihm die Fenster jeden Tag einschmeißt.

RAAB *lacht* Ja, ja.

WILLI Das war auch erfunden.

RAAB Ja, er hat ja immerzu ... Weißt ja auch, da im Unterricht hat er sich immer ... Wenn da einer mit einem andern gesprochen hat, hat er sofort das persönlich aufgefaßt und hat gesagt, man spricht über ihn, ja, und macht ihn nach oder man lacht wie ein Honigkuchenpferd. Man äfft ihn nach und so, du kennst ja all die Sachen noch, nicht? *Er seufzt.* Ja. *Kameraschwenk zu Frau Raab, die stumm daneben sitzt.*

WILLI Ja. Und am lustigsten war es eigentlich immer freitags auf der Empore.

RAAB Ja, mit dem Geiger-Kurt und mit dem Moland.

WILLI Ja.

RAAB Du warst der strenge Chef, du hast immer geschimpft, wenn wir so ein bißchen gelacht haben über die Leute, die da unten saßen und so ... Oder wenn wir mal äh... irgend etwas falsch gelesen haben, das haben die Leute zwar nicht gemerkt ...

WILLI Ja.

RAAB Evangelien oder Episteln oder so was.

WILLI Das war ne schöne Zeit.

RAAB Jedenfalls total vertauscht ... Und dann gabs immer einen, ich glaub, das war der Moland, der, glaub ich, hat immer bei der Scola, hat der immer einen halben Ton, immer son bißchen hat der immer den Ton nicht getroffen beim »a«. *Er singt.* »Oh Herr, du hast dein Fleisch und Blut geopfert ...« Hat der immer ein bißchen drunter, und du hast dich wahnsinnig geärgert, und du hast über Jahre das bei ihm nicht wegbringen können, daß der mal richtig das »a« trifft.

WILLI Ja, ja, der hat das nicht genau gehört.

RAAB Der hat dann zum Trost auch immer die Epistel dann lesen dürfen, weil er es nicht konnte. *Sie lachen.* Ja, du hast die Kirchenlieder immer angestimmt, nicht? Und wir da oben haben immer feste mitgeschrien, und unten dann die Leute haben ja eh nicht mitgesungen, nicht.

WILLI Ja, doch, die Orgel ...

RAAB Na gut, der Utz da vorne am Altar. Der hat dann seine Gebete weggelassen, weil er sich geschämt hat für uns oder für seine Schüler da, und hat dann selber mitgesungen – ganz laut, nicht? *Singt.* »Wohin soll ich mich wenden ...« *Er bricht lachend ab.*

WILLI *nimmt eine Mundharmonika vom Tisch* Gehört das dem Kleinen?

RAAB Ja, das ist dem Kleinen. Das gab schon ein paar schöne Lieder, die haben wir ganz gerne gesungen.

WILLI Das stimmt, ja.

RAAB Mit wirklicher Inbrunst, ja. Ich mußte auch sonntags immer in die Kirche gehen. Du hast mich auch immer ermahnt – das weißt du noch, nicht? »In die Kirche muß man gehen am Sonntag« –, weil ich ein bißchen faul war und gedacht hab, am Sonntag kannst jetzt mal ein bißchen länger schlafen.

WILLI Damals war ich ja fast noch überzeugt davon.

RAAB Ja. *Zu seiner Frau.* »Nee«, hat er gesagt, »auch wenn du nicht daran glaubst und so ...« und meinst, du mußt nicht gehen, aber das gehört sich einfach.« Der Willi hat mich wirklich überzeugt davon, und ich bin auch wirklich dann, ab und zu wenigstens bin ich wieder mal am Sonntag gegangen.

Schnitt: Frau Raab in Nahaufnahme. Sie blickt gelangweilt drein. Aus dem Off hört man Raab singen, begleitet von Willi auf der Mundharmonika.

RAAB *singt*
Wohin soll ich mich wenden,
wenn Gram und Schmerz mich drücken,
wem künd ich mein Entzücken,
wenn freudig pocht das Herz?
Zu dir, zu dir, oh Vater,
komm ich in Freud und Leiden.
Du sendest ja die Freuden,
du heilest jeden Schmerz.

Raab und Willi lächeln sich erinnerungsselig an. Willi räuspert sich, schaut zu Frau Raab, dann wieder zu seinem Schulfreund. Der senkt den Blick. Willi greift zum Bierglas.

Beim Arzt

RAAB Ja, Herr Doktor, ich komm wieder zur Routine-Untersuchung. Von unserm Betrieb aus.

DOKTOR Aha. Mhm.

RAAB Der Chef, der schickt uns immer alle halbe Jahr, wissen Sie ja, zur Untersuchung.

DOKTOR Ja, das halte ich für sehr vernünftig. Und auf diese Weise haben wir schon öfters mal eine ernste Erkrankung rausgefischt, ja? Aber, haben Sie irgendwelche Beschwerden gehabt in letzter Zeit?

RAAB Beschwerden kann man eigentlich nicht sagen. Es sind ... Die Kopfschmerzen hab ich immer noch.

DOKTOR Ah ja.

RAAB Ab und zu.

DOKTOR Aber nicht häufig? Wann treten sie auf?

RAAB Meistens nach der Arbeit.

DOKTOR Abends meistens, ja? Sie wachen aber nicht morgens mit Kopfweh auf?

RAAB Nein, morgens nicht. Das ist meistens abends, wenn ich dann daheim bin. Und Sie haben mir da Tabletten verschrieben, da nehme ich zwei bis drei Stück, eine hilft da nicht. Vielleicht sollte man mal ... vielleicht sollten Sie mir stärkere verschreiben.

DOKTOR Werden wir das Medikament mal wechseln, ja? – Dann will ich mal sehen. *Er steht auf, geht zum Patienten.* Zeigen Sie mal. Ist schon gut so. *Er untersucht Raabs Kopf.* Tut denn das hier weh?

RAAB Nein. Nur der Schlag.

DOKTOR Ja, ja. Aber haben Sie hier Schmerzen? *Raab verneint.* Hier nicht? – Hier? – Da? – Da? – Hier auch nicht? *Er drückt Raabs Kopf zur Seite.* Ja, das ist ... Sicher ein bißchen Überarbeitung. Vielleicht rauchen Sie auch zuviel. Wie viele rauchen Sie denn?

RAAB Naja, so 40 Stück am Tag.

DOKTOR 40?

RAAB Ja.

DOKTOR Das ist doch ein bißchen zuviel, nicht? Sie sollten es doch ein bißchen einschränken. Aber ich will zur Vorsicht noch mal den Blutdruck messen.

Wenn Sie bitte mal das Jackett ausziehen – *Raab tut es* – und den Ärmel ganz hinterkrempeln, bitte. *Er legt die Manschette des Meßgeräts an.* So, legen Sie den Arm bequem hier hin. *Er mißt.* Tja, mein Lieber, Sie haben schon einen etwas erhöhten Blutdruck, ja?

RAAB Ja.

DOKTOR Und das wird natürlich durch das Rauchen auch gefördert. Ich würde also schon sagen, Sie sollten das Rauchen jetzt mal ganz einstellen, und Sie werden sehen, daß die Kopfschmerzen dann von selbst weggehen, ja, und sollten vielleicht auch mal ...

RAAB Ich vielleicht äh...

DOKTOR Etwas mehr ausspannen.

RAAB Ich hab äh... manchmal, ich kann das jetzt nicht genau beschreiben, aber manchmal fängt es hier – *er faßt sich an den Hinterkopf* – hinten an ...

DOKTOR Ja, ja.

RAAB ... bei den Schläfen eigentlich mehr.

DOKTOR Ja also, Herr Raab, es ist nichts Ernsthaftes. Sie haben einen geringgradig erhöhten Blutdruck, ja, das hängt aber sicher mit dem Rauchen zusammen. Und vielleicht auch, daß Sie sich mit Ihrer Arbeit vielleicht etwas übernommen haben. Ich würde sagen, machen Sie doch mal vierzehn Tage Erholungsurlaub jetzt und tun Sie dabei das Rauchen einstellen, ja? Und dann schauen Sie ...

RAAB Das wird nicht so leicht sein, das Rauchen einzustellen.

DOKTOR Ja, das glaube ich Ihnen. Aber ich glaube, das ist sehr gut für Sie, und Sie sollten dann, sagen wir mal, in vier bis acht Wochen mal wieder kurz bei mir vorbeischauen. Damit wir dann sehen, ob das vorbeigegangen ist, ja? Gut.

RAAB *zieht das Jackett wieder an* Ja.

DOKTOR Wie gehts Ihrer Frau?

RAAB Danke, danke. Sehr gut. Sie kommt nächste Woche mal vorbei.

DOKTOR Ah ja, gut, gut, mhm. – So. Schön. Also ... *Er gibt ihm die Hand.*

RAAB Danke schön. Also, auf Wiedersehen.

DOKTOR Es ist nichts Organisches vorhanden, ja? Alles in Ordnung.

RAAB Gut. Wiedersehen.

DOKTOR Auf Wiedersehen. *Raab geht hinaus.*

Im Auto

Moland fährt, Raab sitzt neben ihm.

RAAB Man müßte wahrscheinlich überhaupt in die Zentrale. Mal schauen, daß man dahin kommt.

MOLAND Dürfte aber schwierig sein, denn so viele Posten sind da ja auch nicht. Und wenn da jetzt wieder ein Neuer ist ... Ich hatte jetzt ein Angebot. Das wär finanziell besser, und es gäbe vielleicht auch mehr Chancen, weil der Betrieb größer ist, aber ...

RAAB Ja? Hier – in München?

MOLAND Ja, ja, das wär schon günstig, aber ... Man kennt da niemand und ... das heißt, der eine Bekannte halt, der mich da reinbringen könnte, aber ich weiß nicht. Ich bin da nicht ganz sicher noch, ich überlegs mir immer noch.

RAAB Ja, würdest du da einen besseren Posten kriegen als bei uns?

MOLAND Ja, ja. Bißchen abwechslungsreicher.

RAAB Da besteht vielleicht die Gefahr bei einer so großen Firma, daß es nicht so individuell ist wie bei uns.

MOLAND Ja, das eben.

RAAB Das ist ja grad so angenehm, man kennt die Leute alle sehr gut. Das hängt ja auch immer mit davon ab, wie man sich versteht mit den Kollegen.

MOLAND Genau, genau. Was halten Sie eigentlich von Frau Eder?

RAAB Ach, wissen Sie, Frau Eder ist ein bißchen seltsam.

MOLAND Sie ist sehr naiv. Sie sagt immer, es geht ihr gut, wenn man sie fragt, aber ...

RAAB Das glaub ich auch, den Eindruck macht sie auch. Sie ist halt eine sehr bescheidene Frau, hat sehr bescheidene Ansprüche, aber sie ist sehr liebenswürdig.

MOLAND Ein bißchen altjüngferlich.

RAAB Ach, find ich nicht.

MOLAND Ich mag sie ja auch sehr gern ...

RAAB Ja?

Wohnung der Familie Raab

Die Familie beim Frühstück am Küchentisch. Im Hintergrund läuft sehr laut das Radio.
Raab rührt in der Kaffeetasse, Amadeus ißt sein Marmeladenbrot.

FRAU RAAB *schließt die Kühlschranktür* Der ist mir auch ausgegangen. Schlimm? *Sie setzt sich zu ihrem Mann.* Ich war in der Stadt ... Morgen hast du wieder beides. – Hast du das mit Fischer geregelt?

RAAB Ja, noch nicht ganz.

FRAU RAAB Das würd ich aber nicht unter den Tisch fallen lassen. *Zu Amadeus.* War die Andrea da? Gespielt? *Er nickt.*

RAAB Aufgaben habt ihr auch gemacht. *Zu seiner Frau* Hast die Rechenaufgaben mal durchgesehen bei ihm?

FRAU RAAB Bin nicht dazu gekommen. Machst du das? *Zu Amadeus.* Stimmen sie auch?

AMADEUS Mhm.

FRAU RAAB Ja?

AMADEUS Wir ham net viel aufgehabt.

FRAU RAAB Du mußt den Mund leer machen vorm Sprechen. Was habt ihr?

AMADEUS Wir ham net viel aufgehabt.

FRAU RAAB Fein. Und Schreiben auch was?

Im Büro

Raab arbeitet am Zeichentisch. Aus dem Off hört man den Chef; es sind, unterbrochen von Schreibmaschinengeklapper, nur Satzfetzen zu verstehen: »Drei, zwei, auf zweifünfzig gehen ... Aus dem Grund, weil das ein überflutbarer Keller ist ... Das ist zu teuer, die Wand zu machen, schauen Sie doch mal ...: Die zweidreißig unter Umständen, ja ...«
Moland leiht sich von Raab den grünen Filzstift aus, Raab gibt ihn ihm mit der Bemerkung: »Bitte, aber ich brauch ihn gleich wieder.«
Kameraschwenk zu Frau Eder an der Schreibmaschine.
Moland gibt mit Dank den Filzschreiber zurück. Schwenk zum Chef, der – über den Zeichentisch gebeugt – mit Baer spricht.

Wohnung der Familie Raab

Frau Raab hat die Nachbarin zu Besuch. Sie sitzen auf dem Sofa und unterhalten sich. Raab sitzt gelangweilt daneben.
Aus dem Off ein Musiktitel: »Change, change, change«. Dann die Stimme des Ansagers: »Ich muß sagen, mir hat das gefallen, meine Damen und Herren. Das war die Welturaufführung des neuen Cassius Clay, des neuen Muhammad Ali hier auf dem Broadway in New York.« Es folgt ein Interview mit dem Boxer über seine Rolle in dem Musical »Buck White«.

IRM Wir fahren zum Skilaufen im Urlaub, ich freu mich wahnsinnig, wirklich, also das ist ... Jedes Jahr ... also ich denk an nichts anderes als Skilaufen. Ich fahr also mit meinen Bekannten, und wir mieten uns ein Village, son Haus, also, das kommt viel billiger als wenn man ins Hotel geht, und da fahrn wir zusamm hin, so etwa acht Mann, ja. Und dann gehen wir Skifahren, so morgens um sieben stehen wir auf und um neun sind wir bereits an der Piste, da sind dann ganz wenig Leute. Denn um zehn oder um elf, da muß man dann Stunden anstehen ... Da sind wir also schon um zehn oben, und da machen wir eine riesige Abfahrt, das ist ja schon phantastisch, das kann man gar nicht beschreiben, wirklich. Der Schnee! Und die Sonne! Das ist ein einziger Traum, wirklich! Und da gibt es eine ganz, ganz lange Abfahrt nach Klosters, das ist 18 Kilometer lang, und da kann man ziemlich lange fahren, man kann sich verschiedene Routen aussuchen. Es ist also zauberhaft, wirklich. Oben ist es ganz, ganz steil. Vor zwei Jahren hatte ich eine solche Angst, da konnte ich noch nicht so gut fahren und ... Aber inzwischen habe ich einen Skilehrer ... *Sie kichert.* Entschuldigung, ich hab einen Ski-Kurs gemacht, und da habe ich es ganz, ganz schnell gelernt und äh ... Wenn man jeden Tag fährt, ja – *sie kichert –*, und, nebenbei gesagt, habe ich mich noch verliebt in ihn. Mein Bekannter war furchtbar sauer, es war also ein echter Kampf zwischen dem Skilehrer und meinem Bekannten – es war herrlich ja? *Raab steht auf und dreht an den Knöpfen des Fernsehers.* Und – zuerst fängt man mit dem Stemmbogen an, wissen Sie? *Frau Raab verneint.* Dann macht man einen Schneepflug, ja, die Beine gestemmt, damit man ja nicht zu schnelle Fahrt bekommt, und bißchen später dann, wenn man schon weiter ist, wenn man es schon gelernt hat, dann fängt man mit dem Stemmbogen an. Hin und her, aber alles noch ganz breitbeinig. Also, das sieht furchtbar aus. Aber du freust dich wie ein Schneekönig, wenn man überhaupt das kann! Und dann, im zweiten Jahr, da bin ich dann übergegangen zum Wedeln. Wedeln ist nun das Höchste, ja. Der Toni Sailer, der kennt sich aus. *Sie kichert.* Göttlich, ja! Und wedeln geht nun ganz schnell, und es ist wahnsinnig schwer. Es ist viel einfacher, wenn man von einer steilen Piste abfährt, dann geht es viel einfacher. Über die Buckel drüber, das ist richtig eine Hilfe. Aber wenn es relativ flach ist, dann muß man also mit den Hüften, von den Hüften geht das aus, ja? Also, das sieht so leicht aus! Wie ein Kinderspiel, und es ist wahnsinnig schwer, also mit den langen Skiern, die ich hab. Zwei Meter zehn, das ist wahnsinnig lang. Normalerweise sind Skier einsachtzig lang, und ich, mit meinen riesigen Brettern – weil ich auch so groß bin, ja, da fahr ich ... Ich hab mir ganz tolle Ski gekauft, so Stahl-Ski, und außerdem hab ich mir einen neuen Anzug gekauft ...

FRAU RAAB Ja?

IRM Ja! Ja, ja. So gesteppt, nicht mehr so, wie man es früher hatte, die Skihosen so ganz eng, sondern man zieht die über die Skihosen drüber und die ... das ist ganz gerade wie die modernen Hosen und in der gleichen Farbe den Anorak. Das sieht also totschick aus, man macht sich geradezu Konkurrenz. Ich hab mir also einen totschicken Anzug gekauft und die Skier ... Und allerdings ist es leider so ...

FRAU RAAB *steht auf* Ich hol uns mal was zu trinken.

IRM Das ist sehr nett. Danke schön. *Raab geht zum Fernseher. Das Bild wackelt.* Weil ich muß Ihnen was erzählen, ja, wissen Sie. Und letztes Mal ist einem Bekannten von uns, wir fuhren zusammen die Abfahrt, und wir hatten so eine richtige Rennfahrt gemacht, wer am schnellsten ist, und da ist ... ein Freund von uns hat sich das Bein gebrochen. Es war so furchtbar! Also, ich war ganz deprimiert den ganzen Tag lang, bis der Akia kam, ja?

FRAU RAAB *aus der Küche, off* Wer?

Raab zündet eine Kerze auf dem Tisch an. Er wandert mit dem Kerzenständer in der Hand durch das Zimmer.

IRM Der Akia? Akia nennt man so einen Rettungsdienst. Also, das sind so zwei Bergführer, die einen Schlitten haben, einen Schlitten, wo man vorne und hinten äh das ... wo die, wo die runterfahren, ja?

Plötzlich schlägt Raab Irm den Kerzenständer auf den Kopf. Sie sackt zusammen, er schlägt noch einmal zu. Dann dreht er sich um: Frau Raab kommt zurück, auch sie erschlägt er mit dem Kerzenständer. Cassius Clay bekennt gerade: »... eine Schnulze, es wird mir aber Spaß machen.«
Raab geht ins dunkle Kinderzimmer und schlägt dort ebenfalls zweimal zu. Zurück im Wohnzimmer, stellt er den Fernseher ab und geht ins Schlafzimmer. Durch die offene Tür sieht man, wie Jackett und Hose auf den Stuhl geworfen werden.

Im Büro

Zu sehen ist eine Tür. Es klopft.

CHEF *off* Ja – bitte. *Drei Männer treten ein.*
KOMMISSAR Guten Tag. Sind Sie der Chef hier?
CHEF Ja, worum geht es?
KOMMISSAR Hamm, Kriminalpolizei. Wir suchen Herrn Raab.
CHEF Ja, der ist bei uns beschäftigt. Worum geht es?
KOMMISSAR Wurden Sie nicht angerufen?
CHEF Nein – von wem?
KOMMISSAR Nichts erfahren?
CHEF Ich habe keinerlei Informationen.
KOMMISSAR Sein Sohn, seine Frau, seine Nachbarin wurden tot gefunden bei ihm zu Hause.
CHEF Um Gotteswillen!
KOMMISSAR Kann ich ihn mal sprechen?
CHEF Von Herrn Raab seine Frau und ...
KOMMISSAR Kann ich ihn mal sprechen?
CHEF Ja, bitte. *Er öffnet die Tür, sie gehen rüber in das Zimmer der Angestellten. Er wendet sich an alle.* Wo ist Herr Raab?
BAER Der ist auf dem Klo.

Der Kommissar murmelt etwas zu dem Polizisten. Der verläßt daraufhin den Raum.

CHEF Stellt euch vor, der hat seine Frau und seinen Sohn umgebracht!

MOLAND Was!

KOMMISSAR Wie kommens denn darauf?

CHEF Das sagten Sie doch eben ...

BAER Was hat er?

CHEF Ja, tut mir leid, seine Frau und sein Sohn sind tot, das steht fest.

MOLAND Um Gotteswillen – was ist denn passiert?

KRIMINALBEAMTER Ist er denn heute pünktlich zur Arbeit gekommen?

CHEF Ja, wann kam er denn?

MOLAND Er kam pünktlich ...

BAER Der ist mit mir reingekommen heut früh.

CHEF Das war doch kurz nach acht.

KRIMINALBEAMTER Hat er sich irgendwie auffällig verhalten?

CHEF Ich war grad nicht hier.

KRIMINALBEAMTER Warn Sie schon alle hier um acht?

ALLE Ja, ja.

KRIMINALBEAMTER Nur der Herr Raab kam später?

MOLAND Nein, der Herr Raab kam pünktlich.

BAER Ich hab ihn eben getroffen vorm Haus.

KRIMINALBEAMTER Da war der Herr Raab nicht allein hier?

BAER Nee, nee, der ist raufgekommen mit mir.

CHEF Wann sagten Sie, wann ist das ...?

KRIMINALBEAMTER Heute nacht muß das gewesen sein.

FRAU EDER *weint* Das kann doch Herr Raab nicht gewesen sein ...

KRIMINALBEAMTER Arbeiten Sie schon so lange wie Herr Raab hier?

MOLAND Nein, Herr Raab war am längsten hier.

CHEF Frau Eder ist hier ...

KRIMINALBEAMTER Haben Sie persönlichen Kontakt mit Herrn Raab?

CHEF Jeder ist an sich im persönlichen Kontakt mit Herrn Raab.

BAER Nee, ich kenn ihn nur als Kollegen.

KRIMINALBEAMTER Sie auch?

MOLAND Ja, ja. Er spricht halt sehr wenig.

KRIMINALBEAMTER Nein, ich mein, sind Sie schon mal zu Hause gewesen, kennen Sie seine Frau oder so?

ALLE *durcheinander* Die Frau, ja, ja.

KRIMINALBEAMTER Waren Sie alle schon mal bei ihm zu Hause? *Er fragt alle Angestellten, schließlich den Chef.* Sie auch, Herr ...?

CHEF Nein, nein. Ich kenne seine Frau flüchtig, war nie zu Hause. Auf gesellschaftlicher Ebene sieht man sich kaum, aber die Nachricht ist entsetzlich. Furchtbar. Furchtbar – wie lange ist Herr Raab bei uns? Der ist doch jetzt eineinhalb Jahre ... Das ist ja entsetzlich, ist das!

KOMMISSAR Also, Ihnen ist nichts Besonderes aufgefallen – war er wie immer?

MOLAND Ja, doch. Vielleicht, daß er in letzter Zeit noch ein bißchen ruhiger war. *Die Kollegen widersprechen.*

CHEF Er hat doch vor einiger Zeit ein komisches Telefongespräch geführt ...

BAER Das war mit irgendso einem Verwandten da. Ein Schulfreund, ja richtig.

KRIMINALBEAMTER Wann war das etwa?

BAER Wann war denn das?

MOLAND Das weiß ich nicht mehr genau.

BAER Jedenfalls ist es schon längere Zeit her.

KRIMINALBEAMTER Ja, ne Woche etwa? Vierzehn Tage? Wie lange ist denn das her?

BAER Also, ich weiß es nicht mehr.

MOLAND Also, jedenfalls war da jemand zu Besuch da. Da hat ihn seine Frau angerufen.

KOMMISSAR Woraus schließen Sie, daß da jemand zu Besuch war?

MOLAND Ja, weil sie darüber gesprochen haben.

KRIMINALBEAMTER Also, haben sie drüber gesprochen.

MOLAND Ja.

CHEF Furchtbar.

POLIZIST *kommt zurück, zum Kommissar* Da rührt sich nichts.

Alle marschieren zum Klo, stellen sich vor der Tür auf, rufen und klopfen.
Die Tür wird aufgeschlossen.

BAER *leise* Gotteswillen!

Raab hat sich am Fensterkreuz im Klo erhängt.

Abspann (schwarze Schrift auf weißem Grund):
Warum läuft Herr R. AMOK

mit Lilith Ungerer, Kurt Raab, Lilo Pempeit, Franz Maron, Harry
Bär, Peter Moland, Hanna Schygulla, Ingrid Caven, Irm Hermann,
Doris Mattes, Hannes Gromball, Herr und Frau Sterr, Peer Raben,
Eva Pampuch, Carla Aulaulu

Regieassistent: Harry Baer
Aufnahmeleitung: Christian Hohoff
Beleuchtung: Ekkehard Heinrich
Kameraassistent: Herbert Paetzold
Tonassistent: Heinz Pusl

Ton: Klaus Eckelt
Kamera: Dietrich Lohmann

Produktionsleitung: Wilhelm Rabenbauer

Ein Film von
Michael Fengler und Rainer Werner Fassbinder

eine antiteater-Produktion hergestellt von Maran Film

Rio das Mortes

Titel: Farbige Schrift auf grünblauem Grund. Zunächst erscheint der Filmtitel, dann füllt sich das Bild mit den Namen aller am Film Beteiligten.
Musik während der Titel und der ersten Szene: »Morning Song« von One Nation Underground.

RIO DAS MORTES
Hanna Schygulla
Michael König
Günther Kaufmann
Kathrin Schaake
Harry Bär
Ulli Lommel
Marius Aicher
Walter Sedlmayr
Carla Aulaulu
Joachim von Mengershausen
Hanna Axmann
Franz Maron
Elga Sorbas
Rudolf Waldemar Brem
Eva Pampuch
Ingrid Caven
Lilo Pempeit
Magdalena Montezuma
Hanna Schmidt

Kerstin Dobbertin
Gewidmet Volker Schlöndorff
Dietrich Lohmann
Eckart Heinrich
Helmfried Heinrich
Herbert Paetzold
Klaus Eckelt
Franz Pusl
Irm Hermann
Kurt Raab
Peer Raben
Antiteater
Michael Fengler
Klaus Hellwig
Günther Rupp
Janus Film Fernsehen
  Frankfurt
Thomas Schieder
Carl Amery
RAINER WERNER FASSBINDER

Hannas Wohnung

Ein Telefonhörer auf einem ungemachten Bett. Aus dem Hörer eine plappernde Stimme, unverständlich – Tonspur rückwärts einmontiert. Die Kamera schwenkt durchs Zimmer auf Hanna, die an der Tür steht und mit ihren Locken beschäftigt ist. Schnitt: der Telefonhörer.

STIMME AUS DEM TELEFON Ich glaube, du hörst mir überhaupt nicht zu. Was ist denn das – du kommst mir so komisch vor.

Eine Hand greift zum Hörer. Hanna im Bild.

HANNA Ich hab doch gesagt, daß wir bald heiraten. – Ja? Natürlich hab ich … Also, wie kannst du sagen, Mama, daß ich dir nicht zugehört habe. Wenn du mit mir sprichst, fällt dir immer was vom Heiraten ein.
Rufst hier am frühen Morgen an und sagst, ich würde lügen. Das kannst du nicht. Du kannst nicht sagen, Mama, daß ich lüge.

Kameraschwenk von Kopf bis Fuß: Hanna trägt schwarze Wäsche, BH, Schlüpfer und Straps. Sie dreht mit dem Zeh an den Knöpfen des laufenden Plattenspielers und setzt sich aufs Bett.

HANNA Ob ich was? Wieso fragst du denn jetzt, ob ich warm angezogen bin. – Na, schön. Ich hab blaue Söckchen an, die, die du mir zum Geburtstag geschenkt hast. Und einen rosa Unterrock, den wollenen, den vom Namenstag. Und die Jacke, die gelbe. *Sie zündet sich eine Zigarette an.* Häh? – Nein, Mama, ich rauche nicht auf nüchternem Magen. Wirklich nicht. – Du, Mama, ich muß jetzt Schluß machen. Ich erwarte noch nen dringenden Anruf. Tschau, Ma, tschau. *Sie legt abrupt auf, wählt sofort wieder.* Katrin? Verzeih, Liebste! Vor einer Stunde ruft meine Mutter an und hört nicht auf zu reden. Du kennst das ja, in einer Tour immer dieselben Fragen. Ja, ja, wie immer. Dabei meint sies gut. Nein, wirklich. Aber wie gehts dir, Liebste? – Nein … ist ja schrecklich aufregend. Erzähl doch. – Ach so. Ja, ja. – Jetzt ist es halb elf. Um zwölf? – Gut. Bis dann. Tschau! *Sie legt auf.*

Angeschnitten: ein pädagogisches Buch, Titel: »Das Kind von fünf bis zehn«.

HANNA *off* Es ist notwendig, die Leistungsnormen des Kindes im frühesten Alter zu integrieren.

Schnitt auf Hanna, die vor dem Spiegel steht und sich die Wimpern tuscht.

HANNA Damit hilft man dem Kind, die Anpassung so leicht wie möglich zu vollziehen. – Es ist notwendig, die Anpassung des Kindes ... Nein. Es ist notwendig, die Leistungsnormen des Kindes so früh wie möglich zu integrieren – *Sie stockt und guckt nach im Buch, das aufgeschlagen an der Wand lehnt* – damit hilft man dem Kind, die Anpassung an die Umwelt so leicht wie möglich zu vollziehen. – Es ist notwendig, die Leistungsnormen des Kindes so früh wie möglich zu intri..., intri..., integrieren, damit hilft man dem Kind, die Anpassung an die Umwelt –

Es klingelt.
Schnitt: Wohnzimmer. Hanna geht zum Telefon.

HANNA Ja, bitte? – Michel! – Nein, ich hab doch frei heut. – Au ja. Ach so, Scheiße. Ich hab Katrin schon versprochen. Im »Bukarest«. – Aber nein ... Komm halt, geh. Ehrlich! – Bis dann.

Sie gibt einen Kuß ins Telefon und legt auf.

Restaurant

Katrin sitzt mit geschlossenen Augen, Kopf zurückgelegt, am Tisch und zitiert dieselbe Passage aus dem pädagogischen Buch.

KATRIN Es ist unbedingt nötig, die Leistungsnormen beim Kind so früh wie möglich zu integrieren, damit hilft man dem Kind, die Anpassung an die Umwelt so leicht wie möglich zu vollziehen. Es ist unbedingt nötig, die Leistungsnormen beim Kind so früh wie möglich zu integrieren –

Hanna kommt zur Tür herein, wird zunächst von Katrin nicht bemerkt.

HANNA – damit hilft man dem Kind, die Anpassung an die Umwelt so leicht wie möglich zu vollziehn.

Katrin begrüßt Hanna, sie küssen sich.

KATRIN Setz dich, Liebste. *Sie setzen sich.* Du bist ja so schön heut.
HANNA Ja? Dein Kleid, wie du das immer machst.
KATRIN Du, das hat nur 120 Mark gekostet. Du, ich hab eben einfach einen guten Blick dafür.
HANNA Ach ja.

Hanna zündet sich eine Zigarette an.

KATRIN Du, stell dir vor. Er hat selbst die Scheidung beantragt.
HANNA Nein!
KATRIN Doch! Heute krieg ich einen Brief von seinem Rechtsanwalt, ob ich mit einer schnellen Erledigung einverstanden wäre. Ich! Seit einem Jahr versuche ich, ihn dazu zu bewegen, und jetzt läßt er mich fragen, ob ich mit einer schnellen Erledigung einverstanden wär. Und weißt du, wo er jetzt ist?
HANNA Nein.
KATRIN In Israel. Und er will eine Israeli heiraten. Eine Israeli. *Sie seufzt auf.* Ich bin ja so glücklich, Liebste. Endlich bin ich frei. Joachim und ich werden gleich nach der Scheidung heiraten.
HANNA Gleich?
KATRIN Oh ja. Ich hab mich doch so auf diesen Augenblick gefreut. Das weißt du doch.
HANNA Der Michel und ich, wir heiraten auch ganz bald.
KATRIN *legt ihr den Arm um die Schulter* Natürlich, Liebste. Natürlich. *Zur Bedienung:* Fräulein! *Wieder zu Hanna:* Kannst du den Scheiß schon?
HANNA So ungefähr.
KATRIN Ach, ewig diese Lernerei. Aber damit hats dann ja gottseidank auch ein Ende.

Die Bedienung kommt.

BEDIENUNG Bitte schön?
KATRIN Ich wollte dieses herrliche Sahne-Meerrettich-Steak.
BEDIENUNG *zu Hanna* Für Sie?
HANNA *geistesabwesend* Dasselbe.

Die Bedienung geht und stößt mit Michel zusammen, der sich entschuldigt. Er gibt Katrin die Hand.

MICHEL Servus. *Er setzt sich zu Hanna an den Tisch.* Was macht
  denn die Schule?
KATRIN Es gibt Wichtigeres.
MICHEL Ja?
HANNA Katrin läßt sich scheiden.
MICHEL Ehrlich? A Scheidung find ich unheimlich scharf.
KATRIN Wie mans nimmt.

Michel beugt sich über den Tisch und gibt Hanna einen Kuß. Dabei fällt das Salzfaß um.
Das umgestoßene Salzfaß groß im Bild.

HANNA *den Tränen nahe* Du hast das Salz umgeworfen.
MICHEL Es tut mir leid.

Musik: unheilvoll-dramatisch. Die Kamera schwenkt über die Dreiergruppe zum Fenster. Draußen regnet es.

Hannas Wohnung

Großaufnahme: Ein farbiger Katalog.

GÜNTHER *off* Also das Angebot dieses Großhandelsgeschäfts ist
  wirklich riesengroß und günstig.

Schnitt: Günther sitzt an einem Tisch. Im Hintergrund lehnt Hanna an der Wand.

GÜNTHER Interessieren Sie sich für Reisen?
HANNA Ja, schon.

GÜNTHER Hier: Eine vierzehntägige Zugreise nach Kamerun. Für tausendachtundneunzig Mark. Das ist schon dufte. Haben Sie eigentlich Kinder, wenn ich mal fragen darf?

HANNA *lächelt ihn an* Nein. Aber ich möchte später mal ganz viele haben.

GÜNTHER Ah ja. – Wenn Sie Lust haben, auch billiger einzukaufen oder auch billiger zu reisen, kann ich Ihnen vielleicht helfen. Wenn Sie möchten.

Hanna ist inzwischen zum Spiegel gegangen, zupft die Locken zurecht.

HANNA Ja, das schon.

GÜNTHER Ja, das ist nämlich so: Unser Geschäft führt zur Zeit ne Werbung durch. Wir werben Kunden. Um eine Werbung gestalten zu können, muß man den Kunden etwas schenken. Wir geben unseren Kunden dreiunddreißig bis sechzig Prozent Ermäßigung auf alle unsere Artikel. Wir verkaufen allerdings nur Artikel auf dem kulturellen Sektor. Globen, Atlanten, Sprachkurse, Laienspiele, Märchenbücher, Schallplatten und so weiter.

Hanna lacht.

GÜNTHER Glauben Sie, daß sie ab und zu mal was bei uns kaufen würden? Egal, was es ist.

HANNA Na, mal sehn.

GÜNTHER Na ja, ich mein, es ist ja alles kostenlos, ja, nur das was Sie kaufen, das müssen Sie bezahln. Und ob Sie was für fünf Mark kaufen oder für zehn Mark, ob Sies hier kaufen oder in Gummerswo, vollkommen wurscht, wichtig ist, daß ab und zu mal was gekauft wird. Dieser Ausweis hier ist ja kostenlos, den schenke ich Ihnen ja. Der muß halt ab und zu mal benützt werden, einmal im Vierteljahr, das ist doch nicht zu viel.

HANNA Hm.

GÜNTHER Na, wenn Sie mal nichts brauchen, dann geben Sie ihn weiter an Bekannte oder Verwandte. Wer einkauft, is egal.

Schnitt auf die Wohnungstür: Michel kommt herein, schmeißt den Mantel auf den Sessel, sieht Günther.

MICHEL Wahnsinn!

Michel geht auf Günther zu und gibt ihm einen Kinnhaken. Im hohen Bogen fliegt Günther zu Boden.
Günther reibt sich das Kinn, schüttelt den Kopf. Er kommt langsam hoch.

MICHEL Steh nur wieder auf.

Hanna umklammert Michel, doch er stößt sie weg.
Günther steht auf, geht zu Michel. Sie sehen sich an. Michel schlägt zu.
Günther auf dem Boden. Er wischt sich das Blut mit der Hand ab.

GÜNTHER Jetzt hör auf. Sonst schlag ich zurück.
MICHEL Nur zu.

Günther steht langsam auf.
An der Tür Hanna. Sie schaut zu, wie Michel und Günther raufen, bis sie beide am Boden liegen.
Hanna geht zu Michel, hilft ihm auf.

HANNA Warum habt ihr denn das gemacht?
MICHEL Weil der Günther und ich, wir haben uns geschworen, niemals zur Bundeswehr zu gehen. Und dann ist er freiwillig gangen.
GÜNTHER *am Boden* Zur Marine.

Hannas Wohnung, nachts

Die Kamera schwenkt vom Tisch, auf dem Gläser, eine leere Flasche und ein voller Aschenbecher stehen, zum Bett. Hanna liegt nackt auf dem Bauch, Michel sitzt neben ihr.

MICHEL Weißt du, als wir in die Schule gekommen sind, da warn alle gegen ihn. Und irgendwie hab ich mich dann befreundet mit ihm. Wir ham dann lauter so Sachen gemacht, wie Blutsbrüderschaft und so.

Hanna dreht sich zu ihm.

MICHEL Logisch, wir ham uns in den Arm geschnitten, daß es geblutet hat, dann haben wir das Blut vermischt und getrunken.
HANNA Und später?
MICHEL Später? Haben wir die Lehre gemacht zusammen. Obwohl die ganze Innung dagegen war. Das ist eben so.
HANNA Meine Mutter hat wieder angerufen heute. Können wir nicht heiraten?
MICHEL Wann denn?
HANNA Ich weiß nicht. Nächste Woche vielleicht.

Michel lacht. Hanna schaut ihn fast ängstlich an, lacht dann mit.

MICHEL *verneint* Äh, äh.
HANNA Arschloch.

Sie wendet sich ab. Michel beugt sich über sie, streichelt sie. Nach einem Moment erwidert sie seine Zärtlichkeiten.

MICHEL *singt* You can't always get what you want.

Maggies Wohnung

Michel und Harry arbeiten im Badezimmer. Sie setzen Kacheln ein.

HARRY Und was macht er jetzt?
MICHEL Koa Ahnung. Verkauft so Sachen von Tür zu Tür.
MAGGIE *singt; off* I wanna be loved by you.

Michel und Harry sehen sich um. Maggie steht in der Tür; sie trägt eine durchsichtige Bluse.

MAGGIE *singt* I wanna be kissed by you. *Sie summt noch ein paar Takte, dann zu Michel:* Wie oft waschen Sie eigentlich Ihre Haare?

Michel verschränkt die Arme, antwortet erst nach geraumer Weile.

MICHEL Alle zwei Tag. Warum?

MAGGIE Ich dachte nur. Das ist doch sicher etwas mühsam. *Sie dreht sich um und geht, wirft einen Blick zurück.*

Schnitt: Wohnzimmer. Maggie kommt die Treppe herunter, setzt sich an den Tisch. Die Kamera schwenkt auf die Hand des Chefs, der die Rechnung schreibt.

MAGGIE Wieviel machts denn, Meister?

CHEF Vierzehn Lehrlingsstunden à acht Mark – *Harry, offenbar mit der Arbeit fertig, steht auf der Treppe und hört zu.* – macht 112 Mark. Vierzehn Gesellenstunden à vierzehn Mark macht 196 Mark. Dazu kommen vierzehn Meisterstunden à zwanzig Mark, macht 280 Mark.

MAGGIE Wieso Meisterstunden? Sie haben doch gar nichts getan.

Sie schaut zu Harry. Er geht durchs Zimmer nach draußen. Nachdem er die Tür hinter sich geschlossen hat, wendet sich der Chef wieder an Maggie.

CHEF Das ist eben so. Dazu kommen 463 Mark Material. Das macht zusammen 1051 Mark.

MAGGIE Na gut. Lassen Sie die Rechnung da. Ich überweis das dann später.

Michel kommt die Treppe runter, zieht den Pullover aus. Auf dem Treppenabsatz bleibt er stehen, hört zu.

MAGGIE Wenn Sie für Ihren Gesellen vierzehn Mark pro Stunde verlangen, wieviel kriegt der eigentlich davon?

CHEF *steht auf* Der kriegt acht von den vierzehn. Ich hab Ihnen schon gesagt, das ist eben so.

Hörsaal in der Pädagogischen Hochschule

Im Hintergrund eine große Tafel, mit Kreide draufgezeichnet ein riesiger Penis und »USSA«. Die Studentinnen laufen vor der Tafel auf und ab, gruppieren sich ständig neu.

ERSTE STUDENTIN Natürlich ist es unheimlich wichtig, oder?

KATRIN Jetzt brauchste nur noch zu sagen, wir lernen ja nicht für die Schule, sondern fürs Leben.

ERSTE STUDENTIN Na klar. Wir lernen doch für die Praxis und nicht nur so. Oder willst du etwa später keine Kinder unterrichten, daß sie nicht so idiotisch werden wie wir? *Zitiert voller Sarkasmus.* Es ist unbedingt nötig, die Leistungsnormen beim Kind im frühesten Alter zu integrieren, damit hilft man dem Kind, die Anpassung an die Umwelt möglichst leicht zu vollziehen.

KATRIN Nein. Nein, ich will das nicht. Ich will nicht arbeiten später. Und außerdem ist es natürlich ziemlich idealistisch, was du da sagst.

ERSTE STUDENTIN *zu Hanna* Und du?

HANNA Du, ich werd heiraten. Und dann will ich endlich ganz für meinen Mann und für die Kinder dasein.

ZWEITE STUDENTIN Die Unterdrückung der Frau läßt sich am besten am Verhalten der Frauen selbst erkennen.

Hannas Wohnung

Hanna kommt aus dem Badezimmer.
Michel sitzt auf dem Bett und telefoniert. Hanna bleibt hinter der offenen Tür stehen und horcht.

MICHEL *ins Telefon* Günther? Du, hör mal, ich hab die Pläne wiedergefunden.

Er schaut auf. Hanna versteckt sich noch mehr.

MICHEL Die vom Rio das Mortes. – Genau. Eigentlich müßten wir nach Peru fahren. – Ich weiß schon. – Nein. Du, die Hanna will essen gehen, im »Wendekreis des Krebses«. Komm halt rein. – Okay. Bis gleich.

Er legt auf, Hanna kommt ins Zimmer.

Straße, tagsüber

Michel und Hanna kommen aus dem Lokal, Günther folgt ihnen.

GÜNTHER Da gibts so alte Tempel von den Mayas in Peru. Die liegen so ganz in irgendeinem Berg drin.

MICHEL *erklärt Hanna* Die warn unheimlich toll, die Mayas, wahnsinnig grausam. Die haben so Feste gemacht. Unheimlich blutig. Da haben die ihren Göttern kleine Mädchen geopfert. Da hats eine irre Musik gegeben, und die haben getanzt.

HANNA *schaut zu Michel* Und da wollt ihr hin?

Günther und Michel nicken.

MICHEL Logisch.

HANNA Aber da ist doch schon alles entdeckt.

MICHEL Nie. Da gibts noch unheimlich viel Sachen, Sachen, die hat noch kein Schwein gefunden.

Hanna schaut zu Günther.

GÜNTHER Kein Schwein.

HANNA *spöttisch* Und da wollt ihr so mit richtigen Geräten eine Ausgrabung machen?

MICHEL Logisch. *Zu Günther.* Oder? *Er schaut zu Günther, auch Hanna dreht sich um.*

GÜNTHER *beteuert* Mit Geräten.

HANNA Und was wollt ihr machen mit dem Zeug, das ihr da ausgrabt? *Sie schaut Michel an. Der blickt fragend zu Günther.*

MICHEL Mei...

HANNA Wollt ihr da Photos machen und ein Buch herausgeben?

MICHEL *erleichtert* Logisch. Ein Buch! Das ist doch ganz klar. Was meinst denn du, wozu wir da hinfahrn wollen.

Hanna schaut zu Günther.

GÜNTHER Ja, Logisch. Ein Buch!

Hanna lehnt den Kopf an Michels Schulter.

Reisebüro

*Großaufnahme: »Peru. Land of Contrasts«, »Ferne Länder rufen«
und andere Reiseprospekte.*
*Schnitt: Günther und eine Verkäuferin. Im Hintergrund Fotos von
Ferienorten.*

VERKÄUFERIN Das Leben an und für sich ist nicht teuer in Peru.
Allerdings die technischen Sachen sind nicht billig. Autos und so.
Da müssen Sie mit Preisen rechnen, die über den deutschen
liegen.

GÜNTHER Woher wissen Sie das alles so genau?

VERKÄUFERIN Die Schwester meiner Mutter lebt in Lima. Die
schreibt immer Briefe.

*Großaufnahme: Günther legt seine Hand auf die Hand der Verkäu-
ferin, will sie streicheln. Die Verkäuferin zieht ihre Hand zurück.*

VERKÄUFERIN Außerdem müssen Sie mit Medikamenten rechnen,
wenn Sie ins Innere des Landes möchten. Wolln Sie denn da
wirklich hin?

GÜNTHER *lächelt sie an* Jetzt bin ich nicht mehr so sicher. Warum
die Medikamente?

VERKÄUFERIN Wegen des Sumpffiebers. Sie müssen sich impfen
lassen und dann regelmäßig Tabletten nehmen.

GÜNTHER Jetzt rechnen wir einmal zusammen.

VERKÄUFERIN Für eine oder für zwei Personen?

GÜNTHER Für zwei.

VERKÄUFERIN Ah ja.

GÜNTHER Der zweite ist mein Freund.

VERKÄUFERIN Also, ganz genau kann ich Ihnen nur die Über-
fahrt sagen. Für zwei Personen Lima hin und zurück, das macht
10 440 DM. Dazu Leben – etwa?

GÜNTHER Drei Monate.

VERKÄUFERIN Macht 5 000 DM – wenn Sie sparsam sind. Ein
Auto?

GÜNTHER Ja.

VERKÄUFERIN Leihgebühr etwa 8 000 DM.

GÜNTHER Ein Motorboot.

VERKÄUFERIN Ein Motorboot, ungefähr 3 000 DM. Und Kleinigkeiten für ein Leben von 3 Monaten, das macht 5 000 DM. Zusammen 34 440 DM.

Günther schaut zu Boden.

Baustelle

Michel und Harry kacheln eine Wand. Nach einer Weile setzt sich Michel auf den Boden.

MICHEL Das is überhaupt nicht irre. Stell dir mal vor, du läßt den ganzen Scheiß hier liegen und stehn, fährst einfach ganz woanders hin. Kannst machen, was du willst. Da hats mal so Bildersammlungen gegeben, bei Sanella oder so, von Afrika, Asien und Südamerika. Südamerika wär wirklich scharf. *Harry setzt sich zu ihm.* Da warn die Inkas früher und die Mayas. Die ham irre Sachen gemacht. Die ham ihre Goldschätze vergraben und irre Tempel gebaut. Weil die Spanier gekommen sind und haben alles kaputtgemacht mit ihrer Zivilisation oder so.

Harry rührt mit dem Spachtel im Zement.

MICHEL Mensch, stell dir mal vor, du bist da im Dschungel. Alles grün. Und irre Paradiesvögel und Schmetterlinge. Und dann gibts auch noch Indios da, die laufen ganz nackt spazieren. Und nicht immer das Gleiche – öh – wie hier.
HARRY Vielleicht. – Meinst, ihr könnts mich da mitnehmen?

Schnitt: In der Tür steht der Chef.

CHEF Wohin soll er dich denn mitnehmen?
HARRY Nach Peru.

Harry und Michel greifen zum Spachtel, nehmen die Arbeit wieder auf. Michel dreht sich noch einmal zum Chef um.

MICHEL Ja, is was?

CHEF Wenn ihr schön fleißig seid, dann könnt ihrs euch sicher mal leisten, nach Peru zu fahren.

Der Chef dreht sich um und geht. Michel schmeißt ihm eine Kachel hinterher, die mit lautem Krach zerspringt.

Hannas Wohnung

Großaufnahme: Ein Zettel mit handschriftlichen Aufstellungen der monatlichen Ein- und Ausgaben.

MICHEL *off* Wenn ich jeden Tag Überstunden mach und fast alles spar und außerdem Schwarzarbeit mach, brauch ich genau 15,7 Monate, bis ich meinen Anteil zusammenhab.

Während der letzten Worte ist Günther ins Bild gekommen. Er kaut und trinkt Milch.

GÜNTHER Ich brauch wahrscheinlich noch länger.

Totale: Hanna sitzt im Sessel, Michel lehnt an der Wand, Günther hockt vor der Milchflasche.

HANNA Laßt doch diesen blöden Plan.

Sie schaut zu Michel. Er kommt zu ihr, faßt ihr ins Haar und zieht sie ganz zu sich.

MICHEL Hör mal, Schätzchen, wenn ich irgend etwas Schönes machen will, dann bist du immer dagegen. Aber diesmal laß ich mich net davon abbringen – ist das klar?

Er läßt sie los. Sie streicht sich die Haare zurück.

HANNA *leise* Das hat wehgetan.

Michel wandert durchs Zimmer. Nach einer Weile faßt er einen Entschluß.

66

MICHEL Ich verkauf den Wagen.

HANNA *erschrocken* Nein!

MICHEL Doch.

HANNA Geh. Du hast ihn so lieb.

GÜNTHER Wir gehn zu meiner Mutter. Die wird uns was leihn. Vielleicht.

HANNA *schreit hysterisch* Wir warn so glücklich zusammen! Seit du da bist, ist alles aus! Jetzt verkauft er auch noch den Wagen!

Michel steht auf.

MICHEL *zu Günther* Komm.

Beide gehen. Hanna bleibt allein zurück, sie weint.

Tankstelle

Der Wagen steht vor einer Tankstelle. Michel hupt. Der Tankwart, noch ganz verschlafen, kommt aus dem Häuschen. Michel steigt aus.

MICHEL Voll.

Auch Günther steigt aus, betrachtet den Wagen.

GÜNTHER Is halt schon ein schönes Auto. Man sollte sich einfach reinsetzen und wegfahren.

MICHEL In n Süden.

TANKWART *während er auftankt* Oh! Ihr müßt nach Italien fahren! Ich war im letzten Sommer in Cattolica mit meiner Frau. Einen Service haben die da, unwahrscheinlich. Und ganz billig. Und am Strand, da ist nur Sand und ganz weich. Und am Abend, da machen die immer so Tanzveranstaltungen. Und alles ist organisiert. Alles! *Er nimmt die Zapfpistole aus dem Tank, steckt sie in die Tanksäule.* Dreiundzwanzig Mark zwanzig. Und ein Essen. So gut. Ich eß halt gern. *Michel gibt ihm einen Fünfzigmarkschein. Der Tankwart geht in das Häuschen, ununterbrochen weiterredend.* Danke. Sogar meine Frau war zufrieden. Obwohl, die meckert immer und die hat auch nach Mallorca – *Der Wagen fährt aufheulend davon. Der Tankwart schaut sich erstaunt um.* – gewollt. Halt! Ihr kriegt noch Geld!

Beim Autohändler

Michel und der Autohändler gehen über den Platz.

AUTOHÄNDLER Zweitausendzweihundert.
MICHEL Ich hatte eigentlich mit viel mehr gerechnet.

Schnitt: Der MG im Bild.

MICHEL *off* Der gehört irgendwie zu mir.
AUTOHÄNDLER Mehr als zweizwei ist einfach nicht drin. Ich kann keine Liebhaberwerte bezahlen.

Michel geht zum Wagen, streicht über ihn. Er setzt sich hinein, läßt den Motor aufheulen. Der Autohändler raucht und schaut zu. Michel steigt wieder aus. Beide gehen zum Verkaufshäuschen. Schnitt: Im Verkaufshäuschen. Michel schließt die Tür. An der Wand hängt eine Landkarte; Michel sucht auf ihr Peru.

AUTOHÄNDLER Aber setzen Sie sich doch.
MICHEL *bei der Karte* Ich steh ganz gern. – Verkaufen Sie ihn halt an jemand, der ihn gut behandelt.
AUTOHÄNDLER Ja, natürlich. – Haben Sie die Wagenpapiere? Und den Personalausweis.

Michel gibt ihm die Papiere. Der Autohändler schreibt den Kaufvertrag aus, legt ihn Michel hin.

AUTOHÄNDLER Schreiben Sie hier.

Michel unterschreibt. Der Autohändler gibt ihm den Personalausweis zurück und die Vertragskopie. Er zieht seine Brieftasche heraus.

AUTOHÄNDLER Sie wollen sicher Bargeld.

MICHEL Logisch.

Der Authohändler gibt ihm das Geld. Michel zählt nach.

AUTOHÄNDLER Ach so, ja – *er grinst, hält die Hand auf* – die
 Schlüssel.

Michel gibt sie ihm. Beide gehen aus dem Verkaufshäuschen.

AUTOHÄNDLER Wiederschaun.

*Michel geht. Der Autohändler fährt den MG auf seinen Platz. Mit
Kreide schreibt er den Preis auf die Fensterscheibe: 3 600.*

Bei Günthers Mutter

Günther steht, seine Mutter und Michel sitzen auf dem Sofa.

MUTTER Sie arbeiten noch als Fliesenleger?
MICHEL Ja.
MUTTER Ich hab dem Günther immer gesagt, das ist ein schöner
 Beruf. Ein Beruf fürs Leben. Da kann er stolz drauf sein. Die
 Bundeswehr war ja auch nicht schlecht für ihn. Aber was er jetzt
 macht ... Können Sie ihm nicht zureden, daß er wieder in seinen
 Beruf geht?

Sie trinkt Kaffee.

GÜNTHER Wir wolln nach Peru. Wir wollten schon immer nach
 Peru.
MUTTER *zu Michel* Sie wollen wirklich Ihren Beruf an den Nagel
 hängen wegen soner verrückten Idee?
MICHEL Ja.
GÜNTHER Wir wollten dich fragen, ob du uns nicht ein bißchen
 Geld vorschießen könntest.

*Nach einer Pause steht die Mutter auf, geht zum Fenster und schaut
hinaus.*

MUTTER Wir bauen gerade unser Ferienhäuschen in Tirol. Man muß sein eigenes Stückchen Grund und Boden haben. Etwas, das man besitzt.

Ich hab was gespart in all den Jahren. Für deine Hochzeit, mein Sohn. *Sie dreht sich zu Günther um.* Soll ich dir das geben?

Michel und Günther schauen sich an. Günther nickt.

MUTTER Gut, dann schreib ich dir einen Scheck aus. Es war sehr schwer zu sparen. Und es ist doch nicht viel.

Sie geht zur Kommode und schreibt den Scheck aus, faltet ihn und gibt ihn Günther. Er steckt ihn ein. Mutter streicht sein Jackett glatt.

GÜNTHER *zu Michel* Gut, gehn wir.

Katrins Wohnung

Katrin liegt im Pelzmantel auf dem Sofa. Hanna sitzt auf dem Sessel; sie wirkt verzweifelt.

KATRIN Du, das schaffen die sowieso nicht. – Wieviel brauchen sie?

HANNA Ungefähr vierzigtausend.

KATRIN Eben. Das kriegen die nie zusammen. Du machst dir völlig unnötige Sorgen, Kindchen.

Hanna ist aufgestanden. Sie steht am Fenster und schaut hinaus. Es schneit, Kirchenglocken läuten.

HANNA Er hat den Wagen verkauft. Stell dir vor, den Wagen! Wir sind oft in dem Auto gefahren und haben uns liebgehabt. Den hat er verkauft.

KATRIN Schau, wenn sie es tatsächlich schaffen: Peru ist doch sicher sehr schön. Und ist doch auch für dich eine Abwechslung. Was sind das denn überhaupt für Pläne?

HANNA *am Fenster* Ich weiß nicht.

KATRIN Vielleicht ... Wenn du sie findest, verbrenn sie doch.

Hanna setzt sich wieder. Plötzlich fängt sie an zu lachen, Katrin fällt ein.

KATRIN *prustend* Siehst du, so einfach ist das.

Tanzcafé

Das Tanzcafé ist entsprechend der Faschingszeit dekoriert. Michel und Günther sitzen an einem Tisch.

MICHEL Selbst wenn wir zehntausend zusammenbringen. Und des is schon schwer. Was ist des schon?
GÜNTHER Dann müssens wir halt abblasen.
MICHEL Nein. Jetzt grad nicht.

Schnitt: Hanna tanzt engumschlungen mit einem jungen Mann. Es sieht sehr vorstädtisch aus. Musik: Kenny Rogers, »Don't take your love to town«.
Die Kamera schwenkt von der Tanzfläche zu einem Mädchen an der Theke, das mißtrauisch das tanzende Paar beobachtet.

MICHEL Am besten is, du ziehst erstmal zu uns. Da sparn wir dei Mieten. Und überhaupt.

Plattenwechsel: Elvis Presley, »Jailhouse Rock«. Und Hanna tanzt ganz wild. Der junge Mann steht daneben und klatscht begeistert. Die Musik geht zu Ende. Erschöpft umarmt Hanna den jungen Mann, löst sich dann.

HANNA Danke.
MANN Tschau.

Sie gehen auseinander. Der junge Mann setzt sich zu dem Mädchen an die Theke, Hanna geht zu Michel und Günther an den Tisch.

HANNA Das war arg schön.

Sie trinkt. Michel und Günther brüten vor sich hin.

Schnitt: Der junge Mann und das Mädchen.

MÄDCHEN Mit mir tanzt du nie so.
MANN Du kannst auch nicht so tanzen.
MÄDCHEN Doch, ganz genauso. – Ehrlich.

Schnitt: Die drei am Tisch.

MICHEL *zu Hanna* Der Günther zieht jetzt zu uns. Da sparn wir
das Geld für seine Miete. *Leise.* Und außerdem ist das schön.

Schnitt: Der junge Mann und das Mädchen.

MÄDCHEN Jetzt tanz halt mit mir.
MANN Mei, jetzt halt endlich das Maul.
MÄDCHEN Bitte!

Er gibt ihr eine Ohrfeige.
Schnitt: Die drei am Tisch haben die Szene beobachtet. Günther
weist mit dem Kopf in Richtung Theke, schaut Michel an. Beide
stehen auf, gehen zur Theke und stellen sich vor den jungen Mann.

MICHEL Möchst net aufhörn?
MANN Na? Wen gehtn des nix an?
MICHEL Des wirst gleich sehn.

Günther packt den jungen Mann. Das Mädchen wirft sich dazwi-
schen.

MÄDCHEN Tun Sie es nicht! Bitte.

Günther wirft den jungen Mann und das Mädchen auf die Theke.
Ein Glas zerbricht klirrend. Der Wirt kommt aus der Küche.

WIRT Sie verlassen jetzt aber alle das Lokal!

Straße, nachts

Michel und Hanna gehen auf der Straße. Einer schaut immer den anderen an. Wenn einer schaut, schaut der andere wieder weg. Michel greift nach Hannas Hand. Sie entzieht sich ihm, steckt die Hand in die Manteltasche.

MICHEL Gehma heim?
HANNA Sag mal ...
MICHEL Ja?
HANNA Nix.

Sie schaut zur Seite. Wieder greift Michel nach ihrer Hand, diesmal läßt sie es zu.

HANNA Muß das sein, daß der zu uns zieht?
MICHEL Es ist halt billiger.
HANNA *bleibt stehen* Du ...
MICHEL Ja?
HANNA Ich hab einen Onkel. Der ist Generalvertreter in Südamerika. Der könnt euch helfen vielleicht. Ihr müßt halt vielleicht nur sagen, daß ihr ne Farm aufmachen wollt oder so. Das ist ein Geschäftsmann. *Er reagiert nicht.* Du freust dich jetzt gar nicht?
MICHEL Doch, doch.

Sie streicht ihm durchs Haar, legt den Kopf an seine Schulter.

HANNA Ich hab dich so lieb.

Wohnung des Onkels

Der Onkel kommt die Treppe runter. An der Tür stehen Hanna, Michel und Günther. Der Onkel geht auf Hanna zu, ergreift ihre Hand und tätschelt sie.

ONKEL Grüß dich, Hanna. Du bist umwerfend schön geworden.

Er gibt ihr einen Kuß auf die Wange.

HANNA Das ist der Michel.
ONKEL *gibt ihm die Hand* Guten Tag.
MICHEL Guten Tag.
HANNA Wir heiraten bald. – Das ist sein Freund, der Günther.
ONKEL Günther.

Er nickt ihm nur zu, gibt ihm nicht die Hand.
Der Onkel hat nur Augen für Hanna.

ONKEL Komm, Hanna. Nehmt bitte Platz.

Er führt Hanna zum Schaukelstuhl. Michel und Günther setzen sich
aufs Sofa.

ONKEL Hanna, ein Drink?
HANNA Gern.
ONKEL Ein Whisky?
HANNA Hm.
ONKEL *zu Michel und Günther* Die Herren?

Michel und Günther schauen sich an, nicken.

ONKEL Bitteschön.

Er geht zum Schrank und schenkt ein.

ONKEL Sie wollen also nach Peru auswandern.

Michel und Günther schauen sich an. Hanna faßt sich an den Kopf.
Der Onkel reicht Hanna ihr Glas. Die beiden andern Gläser stellt er
auf den Tisch.

ONKEL Warum ausgerechnet nach Peru?
MICHEL Weil em... *Er schaut hilfesuchend zu Günther.* Wir ham
   dort viel Schönes ...

Hanna hustet. Der Onkel lehnt sich im Sessel zurück.

MICHEL Aber geschäftlich, des... *Er schaut zu Günther.*

GÜNTHER Ganz guat?

MICHEL *erleichtert* Ja.

ONKEL Na, dann prost! Hanna, ich darf nicht. – Und was wolln Sie da machen?

MICHEL Ja ... Wir ...

GÜNTHER Wir wollen eine Farm ...

MICHEL *erleichtert* Genau, a Farm.

ONKEL Eine Farm. *Er steht auf.* Schön. An was hatten Sie dabei im einzelnen gedacht?

Langes Schweigen. Hanna faßt sich wieder an den Kopf. Blickkontakt mit dem Onkel.

ONKEL Ich höre. *Er setzt sich wieder.* Also, bitte.

MICHEL Baumwolle.

GÜNTHER *bestätigt* Baumwolle.

ONKEL Baumwolle. Da haben Sie sicherlich recherchiert, wie die Geschäftslage in Baumwolle auf dem internationalen Markt ist. Und im speziellen in Peru.

MICHEL *verblüfft* Nein. *Er schaut zu Hanna, die sich abwendet, dann zu Günther.* Doch, wir haben so rumgehorcht ...

GÜNTHER Genau.

ONKEL Nun, in diesem Fall wird es wohl zweckmäßig sein, daß Sie mir mal Ihre Vorstellungen über die Art der Finanzierung, zum Beispiel eine Rentabilitätsberechnung für Ihre Farm unterbreiten.

GÜNTHER Logisch.

ONKEL Ich überlege mir dann, wie hoch ich einsteigen kann und will. Wann kann ich damit rechnen?

MICHEL Morgen?

ONKEL *blättert im Terminkalender* Also ein Termin. Übermorgen. Übermorgen, vierzehn Uhr fünfzehn. – Gut, ich erwarte Sie in meinem Büro. *Er legt den Terminkalender weg.* Und nun zu uns, Hanna.

Staatsbibliothek

Hinter Glas alte Foliobände. Michel, ein aufgeschlagenes Buch in der Hand, geht zum Bibliothekar.

MICHEL Glauben Sie, –

Schnitt: der Bibliothekar.

MICHEL *off* – daß Peru ein interessantes Land is, in das man auswandern würde? Das wirtschaftlich interessant ist für jemand, der etwas Neues erleben will?

BIBLIOTHEKAR Das kommt drauf an, in welchem Geschäft man ist, nicht? Von Haus aus, würd ich sagen, ist die, ist die wirtschaftliche Entwicklung vieldeutig, äh, eine Ausbeutungsökonomie. Obs die gegenwärtigen Machthaber schaffen, hier auf dem Wege über Nationalisierung und so weiter aus dem Zustand der sogenannten Unterentwicklung, die keine ist, rauszukommen, bleibt abzuwarten.

MICHEL *off* Wieso sogenannte?

BIBLIOTHEKAR Ich glaube nicht, daß, äh, das heißt, das ist nicht meine Überzeugung, sondern ich möchte mich der Überzeugung anschließen, der neuen historisch-totalen Theorie, die entwickelt wird über die Entwicklungsländer, daß die Entwicklung genau dort ist, wo sie geplant war, daß die, daß es nicht eine Unter-, sondern eine Schlechtentwicklung ist, die, ich möchte mich vorsichtig ausdrücken, der Arbeitsteilung, der internationalen, entgegenkommt und genau die Art Märkte und Exportgüterproduktion schafft, die man sich wünscht.

MICHEL *off* Welche Rolle wird in diesen Staaten nach Ihrer Meinung die Kirche spielen? Oder spielt sie?

BIBLIOTHEKAR Verschiedenste Rollen, nicht. Also, die ... Brasilien ist ganz anders als Peru, selbstverständlich. Von Peru weiß ich nichts, also ich muß ehrlich gestehn, keine Ahnung, wie der Episkopator steht und so weiter, obs da Gruppen gibt ähnlich wie in Brasilien oder neuerdings in Kolumbien, weiß ich nicht.

MICHEL *off* Ham Sie einen ungefähren Überblick darüber, wie sich beispielsweise der kolumbianische Klerus von dem, was, in Brasilien glaub ich, um ... um Kreis um Monsignore Camarne verbreitet wird an Theorie? Wie unterscheidet sich des? In welcher Beziehung sind die anders als die Priester in Kolumbien, die, also zugegebenermaßen, ziemlich radikal sind?

BIBLIOTHEKAR Ja, ich glaube, daß die, äh, nordbrasilianische Entwicklung, um die gehts ja speziell, äh, doch ungefähr noch auf dem Standort ist, auf dem etwa Camillo Torres war zwei Jahre so vor seinem Tod. Mit dieser Geschichte mit diesen Radioschulen, mit den Analphabeten und all diesen Dingen. Man rechnet also noch damit – ich weiß nicht, ob Camarne das tut, aber jedenfalls war es die brasilianische, äh, das gleiche brasilianische Unternehmen mit diesen Analphabeten-Radioschulen und so weiter –, äh, quasi reformistisch arbeiten zu können. Ich glaube, daß das die Jüngeren nicht mehr tun, aber wieder, da muß ich wieder sagen, also, die neueste Literatur ist mir da nicht zugänglich, also von diesen Gruppen.

MICHEL *off* Was, meinen Sie, hat die jüngeren Priester dazu gebracht, so ... so reformistische Wege einfach abzulehnen?

BIBLIOTHEKAR Die Erkenntnis, die ...

Schnitt: Günther, ein aufgeschlagenes Buch in der Hand, kommt eine Wendeltreppe herunter.

BIBLIOTHEKAR *off* Ich hab darüber gesprochen, es wird wohl die Erkenntnis sein, daß hier funktionalistisch nicht mehr viel zu machen ist. Weil die Sache eben leider sehr gut funktioniert. Also die, die Märkte, diese Bikulturen oder, es sind keine Monokulturen, sondern wenige Exportindustrien landwirtschaftlicher Art und so weiter, das paßt ja weltwirtschaftlich wahnsinnig nur sehr gut in den Kram, und ich kann mir vorstellen, daß das anders als durch im weitesten Sinne revolutionäre Maßnahmen nicht zu ändern ist.

GÜNTHER *zitiert aus dem Buch* Baumwolle kann das größte Geschäft des internationalen Marktes werden.

MICHEL Von wann isn das Buch?

GÜNTHER *blättert zurück zur Titelseite* 1871.

Telefonzelle

Michel und Günther in der Telefonzelle. Günther greift zum Hörer,
wirft Geld ein und wählt.

GÜNTHER Ja, Grüß Gott, ist da die peruanesische Botschaft?
MICHEL *faßt sich an den Kopf* Peruanesisch. *Er nimmt Günther den*
Hörer aus der Hand. Ja, kann ich bitte den Botschafter sprechen?

Günther nimmt ihm den Hörer aus der Hand.

GÜNTHER Natürlich nicht den Botschafter, die Sekretärin davon.
MICHEL Davon!
GÜNTHER *ins Telefon* Ja nein, so Fragen. – Ja?

Michel nimmt den Hörer.

MICHEL Wir wolln genaue Auskünfte und so. Über Peru halt.

Günther hört mit. Nimmt dann den Hörer.

GÜNTHER Nein, nicht als Tourist. Wir wollten fragen, wie teuer
Land ist in Peru. Boden.

Michel nimmt den Hörer.

MICHEL Für Ackerbau und Viehzucht zum Beispiel. – Nein, nix
Bestimmtes.

Günther nimmt den Hörer.

GÜNTHER Wir wollen den Durchschnittspreis wissen, der grade
üblich ist. Vielleicht ein bißchen billiger. – Ja. Genau.
MICHEL *hat mitgehört, zu Günther* Mensch, sauber!
GÜNTHER *ins Telefon* Sehr schön.
MICHEL *zu Günther* Frag, ob es gutes Land ist. Und mit wieviel
Zeit man rechnen muß, bis …
GÜNTHER Ich kann nicht zwei Leuten gleichzeitig zuhörn! *Ins*
Telefon. Nein, ich mein nicht Sie. Bloß mein Freund hier.

Michel nimmt den Hörer.

MICHEL Ich wollt doch nur wissen, ob das gutes Land ist. Und mit
wieviel Zeit man rechnen muß, bis ein Ertrag zum Erwarten ist. –
Ach so. Ah ja. Ja, dankeschön. Ja, vielen Dank. *Er will auflegen.*
Um Gotteswillen, jetzt hab ich ganz vergessen, mir die Zahlen
aufzuschreiben. Können Sie die noch mal durchgeben?

Günther nimmt den Hörer.

GÜNTHER Schreib mit, blöde Sau. *Ins Telefon.* Nein, ich mein
wirklich nicht Sie. Also. Im Flachland etwa – *Michel hört mit und
schreibt die Zahlen aufs Telefonbuch* – und im Hochland ...
Dankeschön. Ah so. Vielen Dank also. *Er legt auf.* Mit dir is
wirklich schwer auszukommen.
MICHEL Mit dir aber schon auch.

Sie verlassen die Telefonzelle.

Büro des Onkels

*Der Onkel sitzt hinterm Schreibtisch, ihm gegenüber seine Sekretä-
rin. Sie dreht Michel und Günther den Rücken zu.*
Michel holt aus dem Jackett ein zusammengefaltetes Blatt Papier.

ONKEL Also. Bitte.
MICHEL *liest vor* Rentabilitätsberechnung. Peru ist ein wirtschaftlich unterwickeltes Land. Es wartet auf eine Erweckung durch
unsere hochzivilisierte Kultur.

Die Sekretärin dreht sich zu Michel um.

MICHEL Der Grund und Boden in Peru ist folglich preiswert und
fast geschenkt. Ein Quadratmeter Land kostet im Durchschnitt
eine Mark vierundzwanzig. Man müßte, um eine gute Ausgangsposition für ein erfolgreiches Gelingen einer Farm zu haben, etwa
dreißig Quadratkilometer Land erstehen. Darauf soll Baumwolle
angebaut werden.

Baumwolle ist ausgesprochen leicht anbaubar. Man braucht lediglich etwa acht peruanische Arbeitskräfte, die sehr billig zu haben sind.
Baumwolle kann das große Geschäft der nächsten Zeit werden. Der internationale Baumwollmarkt ist im Stagnieren begriffen. Um so wertvoller stellt sich ein Großangriff auf die Baumwollgeschäftslage dar.
Wenn man also auf dem Baumwollmarkt einsteigt mit etwa, Hausnummer gesprochen, 10 000 Mark, dann hat man nach etwa drei Jahren bereits mit einem Gewinn von 27 600 Mark zu rechnen.

Michel und Günther schauen triumphierend zum Onkel.
Der Onkel verzieht das Gesicht. Er zieht aus seiner Schreibtischmappe ein Papier.

ONKEL Ein Telegramm von meinem Vertragspartner in Peru. Lies vor, Häschen. *Er reicht das Telegramm der Sekretärin.*
SEKRETÄRIN Geschäftslage in Peru völlig zweifelhaft stop Grund im Moment völlig überteuert stop Guter Boden überhaupt nicht zu haben stop Rate dringend ab von derartigen Geschäften in Peru stop.

Michel und Günther schauen sich an.

ONKEL Ich habe mich auch beim internationalen Baumwollverband erkundigt. Natürlich. *Er greift wieder in die Schreibtischmappe und reicht der Sekretärin ein zweites Telegramm.* Bitte.
SEKRETÄRIN *liest vor* Lage auf dem internationalen Markt im Augenblick katastrophal stop Es besteht im Moment kaum eine Aussicht auf Verbesserung der Situation stop Muß leider selbst im Augenblick von Baumwolle abraten. *Sie macht eine wirkungsvolle Pause.* stop.

Michel und Günther schauen sich an, nicken sich zu und gehen.
Die Tür schlägt zu.
Der Onkel und die Sekretärin lachen schallend.

Katrins Wohnung

Hanna steht vor dem Spiegel, hält ein Kleid von Katrin vor sich. Hintergrundmusik: »Adagio g-moll« von Albinoni.

KATRIN Noch ein wenig kürzen. Es ist wirklich sehr traurig, aber ich bin zu dünn dafür geworden.

Sie messen sich mit abschätzigen Blicken.

KATRIN Nein, wirklich, es steht dir ausgezeichnet.
HANNA Findest du?
KATRIN Wirklich, Liebste. Ganz ausgezeichnet. Und ich geb es dir ja so billig. Fünfzig Mark, es ist wie geschenkt.
HANNA *verträumt* Jil Sander. *Nüchtern.* Okay, ich nehms. Pack mirs ein, bitte. *Sie betrachtet sich im Spiegel.* Aber jetzt mußt du mir wirklich erzählen, was du gemeint hast vonwegen es gibt noch eine Chance.
KATRIN Du weißt doch, Joachim studiert mittelamerikanische Geschichte.

Hanna und Katrin wandern durchs Zimmer.

KATRIN Ich hab ihm von Michels Plan und seiner Idee mit Peru erzählt. Und seine Schwierigkeiten, die er hat. Und er war sofort ungeheuer begeistert von der Idee. Eine Forschungsreise würde seiner Doktorarbeit eine unheimliche Qualifikation geben. *Sie faßt Hanna an die Schulter, zieht sie zu sich und gibt ihr Küßchen auf die Wangen.* Wir müssen uns unbedingt zusammensetzen, Liebste, und den ganzen Plan bereden. Stell dir doch mal vor: du und ich ... und Joachim und Michel ... Wir fahrn zusammen nach Peru. Wir bekommen das Geld vom Staat. Joachim hat doch wissenschaftliche Qualifikationen. Und es ist doch so wichtig für ihn. Und für mich. Du verstehst.

Sie umarmen sich.

Hannas Wohnung

Joachim sitzt im Sessel und raucht. Auf dem Boden vor ihm kniet Katrin.

JOACHIM Natürlich kann man Zuschüsse bekommen. Es gibt die Deutsche Forschungsgesellschaft e. V. Das ist ein privater Verein.

Schnitt: Joachim und seine Zuhörer: Harry, Michel und Günther.

JOACHIM Und dann gibts noch eine staatliche Stelle. Die ist auch in München. Natürlich ist es nicht ganz einfach.

Hanna kommt herein, bringt ein Tablett mit Gläsern.

KATRIN Was willst du trinken?
JOACHIM Saft. Nur Saft.

Alle schenken sich ein und trinken. Nach einer Weile:

MICHEL Aber grundsätzlich, meinen Sie, kriegt man Geld von diesen Stellen?
JOACHIM Ja. Man muß nur gewisse Qualifikationen vorweisen.

Harry geht zu Hanna.

HARRY Tanz ma. Komm.

In der Mitte des Raumes tanzen Hanna und Harry zu »Rose Waltz« von One Nation Underground. Michel und Günther lehnen an der Wand.

MICHEL Wie stelln Sie sich die ganze Sache vor?
JOACHIM Das ist einfach. Man kann nach Lima fliegen, sich dort eingeborene Führer suchen. Obwohl ich selbstverständlich Spezialleute habe. Aber die Indier sind sehr billig und tragen außerdem das Gepäck.
HANNA *zu Michel* Du hast doch auch Karten, oder?
MICHEL Was für Karten? *Zu Joachim.* Ich hab überhaupt nichts. Wirklich. Überhaupt nichts.

JOACHIM Wir werden Filmkameras mitnehmen. Das ist sehr wichtig. Kann einer von euch fotografieren?

Michel weist mit dem Kopf auf Günther, der offenbar eingeschlafen ist.

MICHEL Der Günther kann ein bisserl fotografieren.
JOACHIM Der macht dann die Filme. Sehr gut. – Sie müßten sich natürlich an meine Anweisungen halten. Ich knüpfe spezielle Erwartungen an diese Expedition.

Schnitt auf Michel und Günther.

MICHEL Und die Mädchen? Die fahrn mit?

Zoom auf Hanna.

JOACHIM Unter allen Umständen. Selbstverständlich. Sie müssen natürlich das Expeditionsbuch führen. *Zu Katrin* Ihr müßt halt ein wenig Steno wiederholn. *Sie küssen sich.* Das ist sehr wichtig. *Wieder zu Michel.* Für Sie habe ich eine spezielle Aufgabe. Sie haben Erfahrung im Bergsteigen, wie ich hör? *Michel nickt.* Sie werden Vormann der Truppe in den Bergen. Das Gebiet, das ich erforschen möchte, liegt sehr hoch. Wir haben stellenweise steiles Gelände zu überbrücken. Und da ist ein bergerfahrener Vormann schon wichtig. Ich verlasse mich da ganz auf Sie. Wir werden uns schon zusammenraufen.

Amt des Freistaates Bayern

Im Büro. Michel und Günther haben dem Beamten ihr Anliegen vorgetragen.

BEAMTER Ich finde Ihre Idee sehr interessant, wirklich interessant. Aber auf welche Empfehlungen oder Qualifikationen könnten Sie denn verweisen? Das ist bei uns sehr wichtig, sehr wichtig. Wir haben einen ziemlich großen Verwaltungsapparat. Sogar einen Computer neuerdings, und der will gefüttert sein. Da steckt man hinein, was man weiß über jemand, und der sagt einem dann, wie man entscheiden muß. Natürlich könnte man das auch selbst entscheiden, aber, Sie wissen ja, der Fortschritt, der Fortschritt.

GÜNTHER Wir haben da einen Freund, einen Studenten für mittelamerikanische Geschichte.

MICHEL Nein.

GÜNTHER Doch. Der will mitmachen.

MICHEL Nein. Der wird nicht mitmachen.

BEAMTER Meine Herren.

MICHEL *heftig* Du kannst nicht einfach sagen, was nicht stimmt, kapiert?

GÜNTHER *ebenso* Ist der qualifiziert oder nicht?

BEAMTER *beschwichtigend* Ich bitte Sie.

Günther steht auf, packt Michel am Kragen.

GÜNTHER *aggressiv* Wir wollen nach Peru, ist das klar? Wie, das ist uns egal – klar? Uns wird jedes Mittel recht sein – oder?

Er läßt Michel los. Sie stehen sich stumm und feindselig gegenüber. Der Beamte ordnet seine Unterlagen und steht auf.

BEAMTER Ja, wenn Sie mich jetzt bitte entschuldigen möchten, meine Herren. Ich habe noch eine sehr wichtige Besprechung. Und im Ernst, ich glaube nicht, daß wir Ihnen helfen können. Wir sind im Augenblick sehr überlastet, trotz des Computers. Ja, ja. *Er hält ihnen die Tür auf.*

Hannas Wohnung

Michel sitzt auf dem Fußboden, klopft rhythmisch auf den Holzboden. Günther, im Hintergrund, liegt auf dem Bett.
Schnitt: Hanna sitzt am Tisch, vor sich ein aufgeschlagenes Buch. Sie schreibt in ein Heft, hält inne und schaut auf.

HANNA Du, ich muß wahnsinnig viel arbeiten. *Michel unterbricht nicht sein Klopfen.* Warum seids denn so still? Is was? *Keine Reaktion. Michel klopft ununterbrochen weiter.* Soll ich was zu essen machen?

Schnitt: Michel aus Hannas Sicht. Er schüttelt den Kopf, schaut zu Günther.

MICHEL Willst du was?

Günther schüttelt den Kopf.
Michel klopft. Hanna schreibt.

HANNA *ohne aufzublicken* Seid ihr sauer?
MICHEL Na!

Er klopft ununterbrochen. Hanna schaut ihn an. Nach einer Weile:

HANNA Kannst du jetzt bitte still sein, ja?

Michel reagiert nicht, klopft weiter. Hanna hält den Blick noch einen Moment, schreibt dann weiter.
Günther steht auf, geht ins Badezimmer und trinkt ein Glas Wasser.

HANNA *zu Michel* Du, meinst du, man kann ne Vierzehnjährige
   sowas analysieren lassen?

Günther kommt zurück, schaut zu Hanna.
Schnitt auf Hanna, das Buch (Yaak Karsunke, »reden & ausreden«) vor dem Gesicht.

HANNA *liest* Ida wallace aus idaho
   hollywood-pseudonym: Lana Turner
   – & Mickey Rooney erfand
   für sie das wort »glamour-girl« –
   heiratete nacheinander
   Artie Shaw (klarinette)
   Steve Crane (immobilien)
   Bob Topping (zinn & millionen)
   Lex Barker (haut & haare = Tarzan)

   dann kam Johnny Stompanato
   (gangsternachwuchs) an die reihe
   geheiratet wurde er nicht

aber erstochen
von Lana Turners tochter
Cheryl, 14, im april '58
(die Mutter war 38
der tote sechs jahre jünger)

im gerichtssaal brach Lana zusammen
die zeitungen schrieben
LANA TURNER HAS COLLAPSED!

*Schnitt auf Michel, der nun mit dem Klopfen aufgehört hat und
zuhört.*

HANNA *off* Frank O'Hara schrieb: oh Lana
    Turner wir lieben dich steh wieder auf
    & Allen Ginsberg schrieb
    – nach dem 21. siebten 1966 –
    in City Midnight Junk Strains:

Schnitt auf Günther, der in der Tür steht und zuhört.

HANNA *off* »Frank O'Haras körper unterm rasen«
    (ein autounfall)

Schnitt auf Hanna.

HANNA Lana Turner
    war längst aufgestanden hatte
    Fred May geheiratet (einen kaufmann)
    dann Robert Eaton (auch kaufmann)
    & jetzt im mai '69
    Ronald Dante, 49, (nervenarzt
    hypnotiseur
    in einer bar in las vegas)

Sie legt das Buch beiseite, schaut fragend zu Michel.

MICHEL *sehr naiv* Du, das ist unheimlich schön. *Zu Günther.*
    Was sagst denn du?

Günther zuckt mit den Achseln.

HANNA Ja, meinst du wirklich, mit vierzehn kann man sowas verstehn?

MICHEL Warum denn net? Das is doch unheimlich scharf. Wenn des nen Gedicht is ... Wahnsinn. *Zu Günther.* Da ham wir ganz andre Sachen durchgenommen, oder? Wahnsinn, das is alles passiert!

GÜNTHER *unterbricht ihn* Komm schon.

MICHEL *steht auf* Und unheimlich schön. *Sie gehen. Michel, in der Tür, salutiert:* Servus!

HANNA *allein* Wenn ihr meint. *Sie malt auf dem Papier.* Hach, setz ja auch nur meine Note aufs Spiel.

Gastwirtschaft

Günther, Michel, Harry und eine fremde Frau sitzen am Tisch. Sie trinken Bier.

GÜNTHER Du, ich hab jetzt wirklich keine Ahnung mehr. Aus. Schluß. Finito.

Die Kamera schwenkt zum Nebentisch, wo ein Mann, offenbar Künstler, und ein junges Paar sitzen.

JUNGE Und die unterstützt einfach Leute?

KÜNSTLER Meinst, ich hätt mir sonst das Plexi leisten können? Die gibt allen Leuten Geld, die verrückt genug sind. Theaterleute, Maler. Was weiß ich.

JUNGE Wahnsinn. Du bist einfach hingegangen und hast gesagt: Hörn Sie, ich will mit Plexi arbeiten, geben Sie mir Geld?

Die Kamera schwenkt zurück zum anderen Tisch.

MICHEL Das kann doch nicht wahr sein. Man kann einfach nicht machen, was man will.

GÜNTHER Das ist doch wirklich nix Neues.

JUNGE *off* Und du meinst, ich könnte da auch mal hingehen?

KÜNSTLER *off* Logisch.

MICHEL *horcht auf, schaut zum Nebentisch* Wenn die bloß den
Namen sagen würden.

Kameraschwenk zum Nebentisch.

KÜNSTLER Da gehst einfach mal hin, sagst: Liebe Frau Martinsen,
ich möchte gerne ... – was willst denn eigentlich?
JUNGE Filmemachen.

*Michel und Günther springen auf, rennen zur Tür. Dabei stoßen sie
ein Bierglas um.*

GAST *ruft ihnen hinterher* Paßt doch auf!

Im Garten bei Martinsen

Eine farbige Karte von Peru, datiert 1612, in Großaufnahme.

MARTINSEN *off* Ich finde das sehr spannend. Wirklich! Sie glauben, Sie werden den Schatz finden?
MICHEL Klar. Alte Karten stimmen immer.

Die Mäzenin zeichnet mit dem Finger den Flußlauf nach.

MARTINSEN Rio das Mortes. Die Karte ist unheimlich schön.
Fast als hätte ein Maler sie gemacht.
Wieviel Geld würden Sie denn insgesamt brauchen?
MICHEL Dreißigtausend.
GÜNTHER Wir haben aber schon etwas beisammen.
MICHEL Ja, ja. Viertausend genau.
MARTINSEN Kennen Sie sich schon lange?
MICHEL Wir waren schon auf der Schule zusammen.
GÜNTHER Und in der Lehre.
MICHEL Aber er ist dann zur Bundeswehr gegangen.
MARTINSEN Ach ja?
GÜNTHER Weil ich ein guter Deutscher werden wollte.

Alle drei lachen.

MICHEL Wir wolln das auch machen, weil ...
GÜNTHER Wegen dem Leben.
MICHEL Ja. Und wegen der Freiheit.
GÜNTHER Genau.
MARTINSEN *nach einer Pause* Also, ich werde Ihnen das Geld geben. Ja.

Totale von oben: die Gruppe am Tisch, in der Mitte die ausgebreitete Karte.

MARTINSEN Wenn Sie Ihren Schatz gefunden haben, werden Sie mirs doch sicher wieder zurückgeben, oder?
MICHEL Logisch.
MARTINSEN *steht auf, geht zur Tür und dreht sich noch einmal um* Sie wollen sicher einen Barscheck.

Hannas Wohnung

Michel und Günther kommen zur Tür herein.

GÜNTHER Du, jetzt habens wir geschafft.
MICHEL Jetzt haben wir das Geld.

Hanna liegt im Morgenmantel auf dem Bett. Die Nachricht ist offenbar ein Schock für sie.

MICHEL *geht zum Schrank* Die Flugkarten gekauft. Den Flug bestellt. Haben uns ein Visum ausstellen lassen. Und außerdem ham wir uns impfen lassen.

Günther geht zu Hanna, die mit gesenktem Kopf im Raum steht, und streichelt sie. Michel holt seine Hemden aus dem Schrank, packt sie in eine Reisetasche.

MICHEL Jetzt fahr ich zu meinen Eltern und laß mir auf dem Dorf meinen Paß verlängern, weil er abgelaufen ist. Am besten, du kommst nicht zum Flugplatz – ich mag so Abschiedsarien nicht. *Er schließt die Tasche.* Okay? Bis in einem halben Jahr dann.

Er ballt die Faust zum Gruß und geht.
Hanna gibt Günther eine Ohrfeige. Fällt ihm dann um den Hals,
weint.

Hannas Wohnung, nachts

Günther, nackt, kommt zur Tür herein.

GÜNTHER Nach einigem Zögern habe ich mich doch entschlossen,
meinen Jugendtraum zu verwirklichen und zur Marine zu gehn.
Natürlich war das nicht so einfach. Ich mußte erstmal zum
Kreiswehrersatzamt gehn, hab mich erstmal erkundigt. Und da
ham die mir gesagt, müßte eine Prüfung ablegen. *Er legt sich auf*
die Matratze, deckt sich zu. Und da hab ichs mir doch noch mal
überlegt, denn ich wußte, daß es für einen Typ, so wie ich es bin,
nicht ganz so einfach sein würde, da oben irgendwie klarzukom-
men. Aber ich hab mich dann überwunden, bin raufgefahrn zu
der Prüfung.

Schnitt auf Hanna. Sie liegt, ebenfalls nackt, auf dem Bett.

HANNA Komm, leg dich halt her.

Günther steht auf, legt sich zu Hanna und deckt sie zu.

HANNA Und was war weiter?
GÜNTHER Ja. Dann haben sie uns in den Zug reingesetzt, und dann
sind wir nach Kiel gefahrn, zur Blücherbrücke, wo die »Gorch
Fock« ja liegt. Da sind wir abends angekommen, um halb zehn,
glaub ich, ja, sowas halb zehn wars. Und auf einmal hör ich da
vorn, am Ausgang vom Bahnhof, ein Riesengebrüll und ein
Riesengeschrei, da dacht ich zuerst, also da wär ne Rauferei im
Gange oder so, dachte, da mußt doch mal schaun. Da hab ich
meinen Seesack auf den Puckel genommen und bin marschiert.
Und auf einmal seh ich da so ... so blaue Bomperl, ja so
Pudelmützen und Uniformen. Dacht ich mir: Au, da bist du ja in
ein Sauhaufn reingeraten. Dabei waren das die Unteroffiziere von
der »Gorch Fock«, wie ich später festgestellt hab. Und die

scheuchten die ganzen Leute da in Dreierreihen hintereinander zusammen, und da mußten wir uns aufstellen. Alles im Laufschritt, das ging gleich in Gange.

Ja, dann ham wir uns aufgestellt, und da ham sie uns Einzelne auf Busse verteilt, also in einzelnen Gruppen, und dann gings los zur Blücherbrücke. Da war dann schon Nacht, wie wir da warn, und dann mußten wir unsere Hängematten knüpfen. Und da ham sie uns auch dauernd zusammengeschissen, also das war ... Die Einleitung zu diesem Ganzen war ja schon fürchterlich. Aber ich hab mir gedacht: Halt mal durch, du wirst es schon schaffen.

Ja und dann, am nächsten Morgen um sechs Uhr gings gleich los: Wecken, aufstehn, Hängematten knüpfen, raustreten – nur mit Turnhose, Turnschuhen. Da mußten wir die Hängematten vor uns hinstelln, vorzeigen, und da ging immer ein Unteroffizier mit son Messer, der schritt die Reihen ab und wo die Hängematte nicht vorschriftsmäßig geknüpft war, da hat er die Bändsel abgeschnitten. Und derjenige, der mußte dann oben, am Oberdeck, die Matte nähen. Das war dann meistens empfindlich kalt, das war ja schließlich schon September, und außerdem hat er aufs Frühstück verzichten müssen, denn mit der Zeit hats ja nicht mehr gelangt.

Und dann begann der Dienst um halb acht. Da hatten wir erst einen Monat lang Segelvorausbildung – oder Segeleinweisung, so nennt sich das –, da mußten wir immer aufentern, auslegen, Segel fallen lassen, reffen, einlegen, niederentern. Das ging den ganzen Tag, pausenlos. Da warn wir am Abend natürlich hundemüde, keiner wollte mehr an Land gehen. Außerdem hatten die eine fürchterliche Urlaubsmusterung, so ne Landgangsmusterung, wo man sagt: Da muß ja alles genau stimm aufn Zentimeter. Und meistens haben sie dich dann, wenn man das erste mal kam, gleich zurückgeschickt, ohne dich erstmal anzuschaun. Und nach ner Stunde konnste dann wiederkommen, und dann ham sie dich vielleicht rausgelassen. Und dann hast nur bis zehn Uhr Ausgang gehabt, das hat sich fast nicht gelohnt, in der ersten Zeit.

Ich bin sowieso immer an Bord geblieben. Außerdem war ich selber hundemüde. Ja, und als dann der Monat rum war – das war an sich das Schlimmste an der ganzen Zeit –, sind wir dann das erste Mal ausgelaufen. In die Idiotenwiese, das ist in der Ostsee, und da fuhrn wir dauernd im Kreise, zwei, drei Nächte lang, damit wir das Ganze noch mal praktisch proben konnten mit dem Segel, mit dem ganzen Segelmanöver, ja, halsen, brassen, was alles so dazu gehört. Ja und dann gings weiter beziehungsweise dann liefen wir aus zu der großen Fahrt, zu der großen Ausbildungsfahrt nach den Kanarischen Inseln. Santa Cruz de la Palma, da wollten wir hin. Da haben wir erstmal zwei Tage lang Proviant geschleppt, und dann gings endlich los. Da hat ein großes Orchester, son Marine-Musikcorps hat da gespielt, da liefen wir aus mit Hurra.

Und während der Fahrt, da hab ich mich so mit den Unteroffizieren so angefreundet. Und mit meinem Korporal von unserer Korporalschaft habe ichs natürlich besonders gut gehalten. Oder versucht wenigstens. Was mir auch gelungen ist durch mein ständiges Grinsen, durch mein dauerndes Nettsein zu den Leuten. Und ich war immer froh, hab immer alles mit Freude gemacht, zumindest habe ich mich so gegeben – das war ja wichtig, denn sobald die gemerkt haben, einer will nicht, haben sie dem den Hintern aufgerissen, das war ja klar. Und dagegen kommt man ja nicht an.

Ja und dann, eines Tages oder eines Nachts warn wir auf See – war schwerer Seegang, ziemlich schwerer Seegang –, da hat er plötzlich zu mir gesagt: Komm in meine Kammer, trinken wir ein Fläschchen Whisky zusammen. Ja, ich konnt natürlich nicht nein sagen. Haben wir das Fläschchen ausgetrunken, warn wir beide besoffen, zum Schluß. Und anschließend hatte ich dann Segelwache, das war natürlich das Übel an der ganzen Sache. Da mußten wir raus, ganze Korporalschaft antreten, erstmal die ganzen Toppen brassen, weil wir vollkommen andere Richtung wieder fuhrn. Und ich konnte ja nicht hoch, ich konnte ja kaum noch stehn, geschweige denn irgendwie aufentern.

Und Gott sei Dank wars Nacht, man hat mich nicht erkannt, nur einer hat mich gesehn, ja. Und plötzlich brüllt mich da einer an, ich bin ganz erschrocken, und meint, ich solle hochentern. Da kam der her zu mir, und das war . . . Gott sei Dank war das mein Obermaat, der Obermaat Kowalski. Und da hat er gesehn, daß ich natürlich blau war. Er selber konnte auch kaum stehn. Hat er mich weggeschickt in die Koje. Das war das große Glück.

Ich hatte meist . . . Das war schon eine schöne Zeit, obwohl sie hart war. Das war ne dufte Zeit.

Natürlich war sehr wichtig für mich, daß ich immer den Weg des geringsten Widerstands gegangen bin, wie man so schön sagt.

HANNA *nach einer Pause* Wann geht denn das Flugzeug nach Paris?

GÜNTHER Um zehn Uhr fünfundvierzig.

HANNA Nimmst mich mit?

Günther schweigt. Sie dreht sich zu ihm.

HANNA Ja?

Er nimmt sie in den Arm, sie küssen sich.

GÜNTHER Ja.

Hannas Wohnung, morgens

Ein Wecker in Großaufnahme. Es ist halb zehn. Der Wecker klingelt. Eine Hand tastet, lange Zeit vergeblich, nach dem Wecker, um ihn abzustellen.

HANNA Günther!

Verschlafen faßt sie zur Seite, langsam realisiert sie: Sie liegt allein im Bett.

HANNA *setzt sich auf* Günther!

Die Kamera wandert durch das Zimmer, den Flur, die Wohnung. Hanna ruft nach Günther. Er ist weg.
Schnitt: Hanna, zusammengesunken am Türpfosten. Die Vermieterin kommt, sie singt mit Inbrunst eine Arie aus Puccinis »Madame Butterfly«:

VERMIETERIN Eines Tages sehn wir, einen Streifen hoch im Osten überm Meer in die Lüfte steigen ... *Sie bricht ab. Zu Hanna.* Ist Ihnen nicht gut, Frau König? Ihr Mann hat die Januarmiete immer noch nicht bezahlt. Können Sie ihm das bitte ausrichten?

HANNA *Hanna schmeißt die Tür zu* Flegel!

Man hört, gedämpft durch die geschlossene Tür, daß die Vermieterin ihren Gesang wieder aufnimmt.
Hanna fängt sich wieder, geht zum Telefon und wählt.

HANNA Einen Wagen in die Stielerstraße 7, bitte. Zu von Stroheim. – Danke.

Flughafen

Blick auf das Rollfeld. Flugzeuglärm.
Hanna läuft auf die Besucherterrasse, schaut auf das Rollfeld.
Michel und Günther kommen aus der Wartehalle, gehen übers Rollfeld zum Flugzeug.
Hanna holt aus dem Kosmetikkoffer eine Pistole. Sie zielt auf Günther und Michel. Die Musik signalisiert Dramatik.
Michel und Günther gehen über das Rollfeld. Ein Servicewagen der Airline fährt in die Schußlinie. Michel und Günther sind beim Flugzeug angelangt. Sie steigen ein.
Hanna läßt die Pistole sinken, steckt sie zurück in den Kosmetikkoffer. Sie schaut aufs Rollfeld.
Das Flugzeug startet und hebt ab.
Großaufnahme: Hanna schminkt sich, trägt Lippenstift auf.

Whity

Weiße Schrift auf grünem Grund: Für Peter Berling
Titel. Weiße Schrift auf Standfoto: Whity, Kopf am Boden.

Starring
Ron Randell
Hanna Schygulla
Katrin Schaake
Harry Bär
Ulli Lommel
Tomas Blanco   Stefano Capriati   Elaine Baker   Mark Salvage
   Helga Ballhaus
Kamera   Michael Ballhaus
Musik   Peer Raben
Ausstattung   Kurt Raab
Schnitt   Franz Walsh   Thea Eymész
Licht   Honny Stangl
Fahrten   Balta
Kameraassistent   Regieassistent   Script   Lothar Dreher
   Harry Bär   Ulli Stangl
Aufnahmeleitung   Stefan Abendroth   Martin Köberle
Herstellungsleitung   Peter Berling
Produktion   Ulli Lommel Atlantis-Film   Antitheater X-Film
Weltvertrieb Omnia
Buch und Regie   Rainer Werner Fassbinder
Günther Kaufmann
ist
Whity

Musik während der Titelei: der Song »I kill them«
(Fassbinder/Raben), gesungen von Günther Kaufmann:

I kill them in a holy night
my »Amen« comes from God
my heart cries: It's right, right, right
I only need five shot:
Two shots for Daddy
and one shot for Mam
two shots for my brothers
are five shot for them

I met a girl in any night
she got no chance for me
my heart cries: She's right, right, right
but brain says: let it be
Two shots for Daddy
and one shot for Mam
two shots for my brothers
are five shot for them

Repeat 1st Verse and Chorus

Haus Nicholson, Küche

Mamie, die schwarze Köchin, schlägt einem Fisch den Kopf ab und nimmt ihn aus.
Whity, ihr Sohn, ein Mischling in Dieneruniform, kommt herein.

WHITY Sie sagen, der Pudding schmeckt nicht.
MAMIE *ungerührt* Den schmeckt manches nicht.

Whity stellt das Tablett mit den vier unberührten Schüsseln ab, dreht sich um.

WHITY Ich glaube, du verstehst mich nicht. Ich möchte, daß ihnen alles gefällt, was wir ihnen machen.

Er klopft mit einer Serviette erst seine Livree, dann die Schuhe sauber. Mamie beobachtet ihn dabei.

WHITY *schaut auf* Sie warten.

Mamie schaut ihn noch eine Weile an, dreht sich dann um und singt »Glory, Glory, Hallelujah«.
Whity richtet sich auf.

WHITY Du sollst diese Lieder nicht immer singen.
MAMIE Welche Lieder?
WHITY Schwarze Lieder.

Sie geht langsam auf Whity zu. Als sie dicht vor ihm steht, spuckt sie ihm ins Gesicht.

MAMIE Whity!

Whity wischt sich mit seinen weißen Handschuhen die Spucke vom Gesicht, schaut verächtlich auf Mamie.

Saloon

Die Familie am Speisetisch: Ben Nicholson am Tischende, ihm gegenüber seine Frau Katherine; an der Längsseite Frank und Davie.

KATHERINE *mit Blick auf Davie* Wir sollten ihn einschläfern. *Sie streicht ihm übers Haar.* Es gibt heutzutage doch Möglichkeiten. Injektionen. Nur ein ganz kleiner Stich. Es ist ganz schmerzlos, und er schläft ein – für immer.

Frank kichert. Der Vater blickt ihn strafend an.
Davie will Katherine die Hand küssen. Sie zieht die Hand weg, dabei fällt ihr Glas um.

KATHERINE *zu Ben* Bitte!

Davie läßt den Kopf hängen.

BEN Er hat dich gern, Kate.
KATHERINE *mit Blick auf Davie* Tot bist du eine liebe Erinnerung. Lebend bist du nur eine Plage, ein nutzloses Wesen.
BEN *bestimmt* Er ist ein Nicholson!

Schnitt: Frank schaut erst zum Vater, dann zu Katherine.

KATHERINE Du hast recht. Verzeih!
BEN Du wirst lernen, dich zurechtzufinden bei uns.

Katherine schaut zur Tür: Die Klinke bewegt sich. Sie schreit auf. Whity, in der offenen Tür, läßt verblüfft das Tablett fallen.

WHITY Ich . . . Ich bitte um Verzeihung, Massa.

Er bückt sich. Ben schlägt ihn mit der Reitpeitsche auf den Rücken. Frank und Katherine schauen fasziniert zu; Davie starrt traurig vor sich hin.
Whithy liegt auf dem Boden. Er hebt den Kopf, Tränen in den Augen.

WHITY Ich danke, Massa.

Er bricht zusammen.

Saloon in der Stadt

Hanna singt: »I don't want to be«. Sie flirtet mit den Männern, setzt sich bei einem auf den Schoß und kitzelt ihn, wandert weiter durchs Lokal und singt.
An der Theke steht Butch. Er hält dem Wirt sein Glas hin.

BUTCH Whisky!

Schnitt: Whity, auf der Straße, beobachtet durchs Fenster das Geschehen im Saloon.
Hanna ist inzwischen bei Butch. Sie trinkt seinen Whisky.
Whity kommt zur Saloontür herein, bleibt im Eingang stehen. Der Klavierspieler bricht ab. Butch und die anderen Männer drehen sich um. Hanna löst sich von Butch, geht zum Klavierspieler. Sie nimmt von ihm eine Rose aus dem Knopfloch.

BUTCH Was willn der Nigger hier?

Hanna schaut zu Whity. Er kommt herein.

BUTCH Wer ist das?
WIRT Der ist Butler bei den Nicholsons.
BUTCH Was soll das heißn?
WIRT Er ist der reichste Rancher hier.

Hanna gibt dem Klavierspieler den nächsten Titel an. Sie singt »I'm sitting at the river«.
Whity setzt sich auf einen entfernten Platz. Zwei alte Männer, die am Nebentisch gesessen haben, verlassen das Lokal – ihre Gläser sind noch halbvoll.
Hanna, die diese Szene beobachtet hat, tanzt singend zu Whity. Sie gibt ihm die Rose und setzt sich zu ihm. Whity schaut hilfesuchend zu den andern.

101

Hanna gibt ihm einen Kuß. Sie schaut herausfordernd zu Butch.
Butch erwidert ihren Blick und legt die Zigarre beiseite.

BUTCH Jetzt reichts. – Los Jungs. Oder seid ihr feig?

Er wiegt den Reitstock in der Hand, geht zu Whity. Zwei Männer
folgen ihm.
Hanna stellt sich schützend vor Whity. Aber Butch fegt sie einfach
beiseite. Die Männer schlagen Whity zusammen, der sich nicht
wehrt.

WIRT *zum Klavierspieler* Spiel!

Der Klavierspieler klimpert verzweifelt. Die Männer prügeln weiter
auf Whity ein. Hanna steht auf der Treppe, die Hände vors Gesicht
geschlagen.

BUTCH Schmeißt ihn raus!

Die beiden Männer packen Whity an Armen und Beinen, werfen ihn
in hohem Bogen auf die Straße.
Hanna geht auf ihr Zimmer. Sie schaut durchs Fenster auf die
Straße.
Butch und die beiden Männer stehen an der Theke, prosten sich zu
und trinken.
Whity liegt auf der Straße. Er betrachtet die Rose in seiner Hand,
hebt den Kopf.

Haus Nicholson, Katherines Zimmer

Katherine und Garcia. Sie möchte ihn umarmen, aber er wehrt ab.

GARCIA Nicht küssen, Señora. Vielleicht jemand kommen. *Er*
horcht. Katherine zieht ihn wieder zu sich. Dann Garcia wird nicht
mehr glücklich.

Katherine küßt ihn.
Schnitt: Davie, über einen Tisch gebeugt.

KATHERINE *flüstert ihm ins Ohr* Kein Mensch kann uns stören. Du dummer Mexikaner. Nur Davie. Und vor dem braucht selbst einer wie du keine Angst zu haben.

Davie schleicht die Treppe rauf.

KATHERINE *off* Jetzt erzähl mir: Was ist mit meinem Mann?

Schnitt: Katherine und Garcia.

KATHERINE Ist es was Schlimmes?

Garcia löst sich aus ihrer Umarmung und wandert durchs Zimmer.

GARCIA Bald er ist tot.

Zoom auf Katherine.
Die Kamera schwenkt auf Davie, der sie durch den Türspalt beobachtet.

GARCIA *zeigt auf den Bauch* Hat zerfressen alles. Alles kaputt, Señora.
KATHERINE *zieht ihn aufs Bett* Ich liebe dich. Oh, ich liebe dich, ich ... schlag mich, du ... *Er schlägt sie.* Wahnsinn.

Sie küssen sich leidenschaftlich. Davie schaut zu, leckt die Lippen.

Platz vor dem Haus

Es ist Abend. Blick durch eine offene Tür nach draußen.
Ben, Frank und Whity kommen angeritten. Sie stoppen auf dem Vorplatz und steigen ab.
Katherine kommt zur Begrüßung halb die Treppe runter. Ben geht hoch, küßt sie auf der Treppe.

KATHERINE *strahlt ihn an* Ben!

Ben und Katherine gehen ins Haus.

Im Stall

Frank, den Kopf auf den Pferderücken gelegt, krault das Tier.
Whity, der die Pferde versorgt, schaut ihn an. Frank erwidert den
Blick.

FRANK Whity?
WHITY Ja?
FRANK Du wärst doch gerne reich?
WHITY *blickt zu Boden* Es ist mir nicht angemessen.
FRANK *krault das Pferd* Bring meinen Vater um, hm?
WHITY *unbewegt* Oh, ja. Ja, Herr.

Er geht. Frank schmiegt sich an das Pferd, küßt es.

Haus Nicholson, Bens Zimmer

Ben steht vor dem Spiegel. Im Hintergrund Katherine.

KATHERINE Der Doktor sagt, du wirst sterben.

Kameraschwenk zu Katherine.

KATHERINE Sieh mich nicht so an, Ben. Kann ich was dafür, daß
  du krank bist?

Sie setzt sich in einen Sessel.
Ben dreht sich um, geht zu Katherine und gibt ihr einen Handkuß.

KATHERINE Die Zeit, die du noch zu leben hast, werden wir uns
  ganz schön machen – nicht wahr, Ben?

Sie gehen zur Tür.

KATHERINE Du solltest an meine Zukunft denken, Ben, ja?
BEN Ja.

Er küßt zärtlich ihren Nacken. Sie verlassen das Zimmer.

Haus Nicholson

Ben und Katherine gehen eine Treppe runter.

KATHERINE Man kann sich an so viel gewöhnen.

Am Treppenabsatz erwartet sie Frank. Er küßt Katherine die Hand.
Ben wendet sich ab.

KATHERINE Hast du gearbeitet, Frank?
FRANK Ich habe meines Vaters Land abgeritten.

Katherine geht zu Ben, der seine Zigarre anfeuchtet.

BEN Whity machte einige Vorschläge, Katherine.
KATHERINE Whity?
BEN Frank! *Er zündet die Zigarre an.*
FRANK Man sollte den Schwarzen mehr Rechte zugestehen. Sie
  kommen dann weniger auf dumme Gedanken.

Katherine legt ihre Hand auf Bens Schulter.

KATHERINE Ich...
BEN Ja?
KATHERINE Ich finde das auch. Wir brauchen sie doch, die
  Schwarzen. Zum Arbeiten. Und wenn Unruhe... Sie würde doch
  leiden, ich meine die Arbeit.

Sie geht zu Davie, der mit gesenktem Kopf dasteht.

FRANK Ich habe mich auch schon vertraut gemacht... mit solchen Ideen. Denn später da... könnte das... doch von Nutzen
  sein, Pa?

Stille. Nach einer Weile:

BEN *leise* Schließ die Tür.

Frank geht zur Tür. Davie verläßt traurig das Zimmer.

BEN *schreit ihm hinterher* Davie!

Davie reagiert nicht. Ben kommentiert dies mit einer Handbewegung, die Hilflosigkeit ausdrückt.

BEN Ich werd einiges davon verwirklichen.
FRANK Natürlich, Pa.

Platz vor dem Haus

Davie kommt die Treppe runter, geht zum Stall.
Mamie beobachtet die Szene aus dem Fenster.

Im Stall

Whity striegelt ein Pferd. Er schaut auf.
Davie, mit hängenden Schultern, lehnt an der Wand.

WHITY Komm doch her.

Davie schaut langsam auf. Er hat gerötete Augen.
Whity arbeitet weiter. Nach einer Weile hält er Davie den Striegel hin. Der nimmt die Bürste, steht hilflos da. Whity nimmt seine Hand und führt sie; gemeinsam striegeln sie das Pferd.
Großaufnahme: In Davies tote Augen kommt ein Flackern. Davie geht langsam in die Knie, küßt Whitys Hand, schmiegt sich an ihn. Whity ohrfeigt ihn leicht und geht ebenfalls in die Knie. Zärtlich streicht er Davie über den Kopf und bedeckt ihn mit Küssen.

Saloon, Hannas Zimmer

Hanna, in schwarzem Korsett, und ein Mann. Er gibt ihr Geld. Sie geht zur Kommode, steckt den Schein weg und gibt ihm Kleingeld heraus. Hanna geht zur Tür. Der Mann setzt seinen Cowboy-Hut auf, greift sie von hinten und will sie küssen. Hanna wehrt ab. Mit verächtlichem Blick hält sie ihm die Tür auf. Großaufnahme: ein Augenpaar.

MANN Scheiß drauf, Baby.

*Der Kunde ist draußen. Hanna schließt die Tür, lehnt sich erschöpft
gegen den Türrahmen.
Es klopft am Fenster. Hanna geht hin, öffnet das Fenster.
Whity steigt ein.*

WHITY Wer war das?
HANNA Das war ein Kunde, Liebster.

*Whity geht zum Waschbecken, wäscht sich die Hände.
Hanna sieht aus dem Fenster. Der Mann geht über die Straße.*

HANNA Is was, Liebling?
WHITY Nein. Warum?
HANNA Ich dachte nur. *Sie schaut ihn verliebt an.* Laß uns in den
   Osten gehen.

*Whity schüttelt den Kopf. Hanna schließt das Fenster, geht zum
Tisch und dreht sich eine Zigarette. Whity setzt sich auf das Bett.*

HANNA Warum nicht?
WHITY Ich bin zufrieden hier.

*Hanna steckt die Zigarette in eine Spitze, zündet sie an. Sie setzt eine
Spieluhr in Gang. Whity zieht sein Jackett aus.
Hanna setzt sich zu ihm. Whity streichelt sie scheu und zärtlich.*

Haus Nicholson, Vorplatz

*Davie ist an den Zaun gefesselt. Ben schlägt ihn mit einer Reitpeit-
sche. Davie will schreien, bringt aber keinen Ton über die Lippen.
Whity kommt um die Hausecke, bleibt stehen.
Katherine und Frank gehen auf die Terrasse, beobachten von oben
die Szene.*

KATHERINE *zu Frank* Davie hat uns letzte Nacht zugeschaut. Ben
   hat versagt. Deshalb ist er so wütend.

Whity geht zu Ben.

WHITY Schlagen Sie mich statt seiner, Massa.

Ben hört auf, schaut zu Whity. Langer, stummer Blickkontakt.
Katherine und Frank starren gebannt auf die drei.

BEN Gut. Zieh dich aus.

Whity zieht Livree und Hemd aus. Währenddessen läßt Ben
genüßlich die Peitsche schwingen.
Whity bindet Davie los, legt ihn behutsam auf den Boden. Er stellt
sich an den Zaun, Ben schlägt zu. Whity krallt sich in den Zaun.
Wieder schlägt Ben zu. Katherine und Frank schauen zu.

BEN *holt aus* Schrei, Whity, schrei! *Er schlägt zu.* Es ist besser zu
tun, was ich will!

Er schlägt zu.
Katherine und Frank auf der Terrasse.

KATHERINE Er läßt sich für Davie schlagen. Oh, wahnsinnig.
Wahnsinnig.

Sie sinkt an Franks Brust.
Ben schlägt wieder zu. Whity schreit.

BEN Das war doch schon ganz gut, Whity.

Postoffice

Hanna kommt herein, geht an den Schalter. Vor ihr steht eine Frau.

FRAU Ja, das ist er.
BEAMTER *gibt ihr einen Brief* Hier, bitte. Wiedersehn.

Die Frau geht. Sie blickt verächtlich auf Hanna, die herausfordernd
grinst.

108

HANNA Ist mein Telegramm schon da?

Der Beamte nimmt seine Brille ab, haucht betont langsam die Gläser an.

HANNA Bitte.
BEAMTER Haben Sies eilig?
HANNA Ja.
BEAMTER *setzt die Brille wieder auf* Sie haben Glück. Es ist gekommen.

Er reicht ihr einen Umschlag. Sie geht lesend beiseite, stellt sich ans Fenster.
Blick durchs Fenster: Draußen stehen Garcia und Nicholson. Hanna horcht auf und wird Zeuge der folgenden Szene.

GARCIA Sie glaubt sofort, hat geleuchtet in ihre Augen. Dann sie gezogen mich auf Bett und geschrien, ich sie schlagen soll. *Er lacht.* Jetzt ich kriegen Geld. Haben gut gespielt Ihr Arzt, hm?
BEN Komm her.

Er greift in die Hosentasche, als suche er Geld. Dreht sich zur Seite, greift in die andere Tasche. Plötzlich hat er einen Revolver in der Hand und schießt sofort. Garcia bricht zusammen.

Büro des Sheriffs

Der Sheriff steht vor der Leiche Garcias. Sie ist mit einem Tuch zugedeckt.

SHERIFF und weiter?
BEN Dann hat er damit geprahlt, daß er meine Frau... *er stockt* vergewaltigt hat.

Der Sheriff schaut zur Tür. Garcias Frau Maria wird hereingeführt. Der Sheriff bückt sich und hebt das Tuch auf.

SHERIFF Ist das dein Mann?

Maria kniet vor der Leiche. Sie umarmt den Toten und bedeckt ihn mit Küssen.

MARIA Asesino! *Sie deutet auf Ben.* Asesino!
SHERIFF *off* Hanna?
HANNA *tritt aus dem Hintergrund* Mr. Nicholson hat die Wahrheit gesagt. Ich habe alles gehört.

Ben schaut erstaunt auf Hanna.
Maria wirft sich wieder über ihren toten Mann. Hanna und Ben schlagen ein Kreuz.

Haus Nicholson, Whitys Zimmer

Whity liegt auf dem Bett. An seiner Seite sitzt Katherine. Sie bestreicht seine Wunden mit einer Salbe.

KATHERINE Es wird bald besser. Ben Nicholson ist sehr krank. Er lebt nicht mehr lange.
Der Nicholson-Besitz wird dann keinen Herrscher mehr haben. Oder glaubst du, Frank oder gar Davie wären dazu imstande.

Sie küßt ihn zärtlich in den Nacken.

KATHERINE Ich glaube,... wir zwei... wir wären dazu... *Küßchen* – in der Lage. Sie streicht mit dem Finger über die Striemen auf Whitys Rücken. Kalt. Wir sind hart. Du mußt Frank ausschalten.

Whity reagiert nicht.
Die Tür klappt. Katherine schaut erschreckt auf: In der Tür steht Frank. Er kreischt auf und lacht hysterisch.

FRANK Eine Negerhure!

Er kichert unheimlich, trommelt mit der Faust gegen die Wand. Läuft aus dem Zimmer.

Haus Nicholson, Halle

Frank rennt, Schaum vor dem Mund, die Treppe zur Halle hinunter.

FRANK Meine Mutter ist eine Hure! Wahnsinn!

Mamie kommt aus der Küche.
Frank schmeißt in der Eingangshalle eine Vase zu Boden.
Katherine kommt die Treppe runter.
Frank will zur nächsten Vase greifen, da rennt Mamie zu ihm und hält ihn fest. Er weint und kreischt. Katherine kommt dazu und ohrfeigt Frank solange, bis er nur noch still in sich hineinweint.

Straße in der Stadt

Ben Nicholson kommt aus der Bank und bleibt auf der Straße stehen.
Der Sheriff schaut aus seinem Büro heraus auf die Straße.
Ben schaut zum Saloon. Zoom auf das Fenster im ersten Stock: Hanna zieht die Gardine beiseite.
Ben geht über den Platz zum Hintereingang des Saloons. Er schaut zurück zum Sheriff; ihre Blicke kreuzen sich einen Moment. Ben geht in das Haus.

SHERIFF *zum Hilfssheriff* Jetzt geht er zu ihr.

Saloon, Hannas Zimmer

Ben vor Hannas Zimmer. Er klopft mit der Reitpeitsche an die Tür. Hanna öffnet.

HANNA *in der Tür* Ich wußte, daß Sie kommen würden.

Er tritt ein, sie schließt die Tür.

Haus Nicholson, Halle

*Frank und Katherine sitzen in der Halle. Sie schweigen. Nach einer
Weile greift Katherine zu einem kleinen Glöckchen und klingelt.
Whity kommt. Hinter ihm Davie, der im Türrahmen stehenbleibt.*

WHITY Sie wünschen, Madame?
KATHERINE Bring mir ein Glas Wasser. Mit Eis!
WHITY Sehr wohl.

*Er geht. Frank und Katherine stieren vor sich hin.
Whity kommt mit einem Tablett, reicht Katherine das Glas Wasser.
Sie trinkt, stellt das Glas zurück aufs Tablett.
Whity geht. Gleich danach greift Katherine wieder zum Glöckchen.
Whity kommt.*

WHITY Bitte?
KATHERINE Gib mir ein Konfekt, Whity. Rasch.

*Whity geht zum Tisch, der direkt vor Katherine und Frank steht,
und reicht ihr die Schale mit dem Konfekt. Doch Katherine greift
nicht zu.*

KATHERINE Danke. Ich möchte wohl doch keins.
WHITY Sehr wohl, Madame.

*Er stellt die Schale wieder auf den Tisch und geht.
Katherine schaut aufmunternd zu Frank. Er grinst, greift zum
Glöckchen und klingelt. Whity kommt.*

WHITY Bitte?
FRANK Ich möchte auch ein Konfekt, Whity.

Whity hält ihm die Schale hin, Frank nimmt ein Konfekt.

FRANK *kaut* Danke.

*Whity stellt die Schale zurück. Während der aus der Tür geht, fangen
Frank und Katherine lauthals zu lachen an. Frank küßt Katherine.*

FRANK Ich liebe dich, ich liebe dich.

Katherine greift zum Glöckchen, klingelt stürmisch.
Ben kommt zur Tür herein. Hinter ihm Whity.
Katherine und Frank rücken schnell auseinander.

KATHERINE *kleinlaut* Oh, entschuldige. Ich habe die Glocke um-
gestoßen.

Whity schließt die Tür.

Saloon, Hannas Zimmer

Hanna steht vor dem Spiegel, feilt an den Fingernägeln. Sie spricht
ganz ruhig.

HANNA Ich versteh dich nicht. Du willst ja gar nicht frei sein. Du
hast es ja gern, wenn sie dich schlagen. Du Schwein. *Sie kratzt sich*
den Rücken mit der Nagelfeile. Unfrei und abhängig. Du verdienst es nicht besser.

Whity liegt auf dem Bett, Krawatte gelockert, Hemd aufgeknöpft.

WHITY Leg dich her.

Hanna reagiert nicht.

WHITY Ich kann was zahln, wenn du willst.

Er hält ihr einen Packen Geldscheine hin. Die Kamera umkreist
Whity auf dem Bett. Lange Pause.

HANNA Zieh dich an und geh.

Whity steht auf, knöpft das Hemd zu, zieht das Jackett über. Er geht
zum Fenster und öffnet es. Noch einmal schaut er zurück, dann
verschwindet er durchs Fenster.

Haus Nicholson, Franks Zimmer

Frank trägt Unterwäsche von Katherine und hat sich die Lippen rot angemalt. Er liegt auf dem Bett und probiert Posen. Dann geht er zur Zimmerglocke und läutet.
Whity kommt herein, starrt ihn an, senkt den Kopf. Frank bemüht sich, wie eine Frau zu reden.

FRANK Whity! Gefall ich dir.

Whity schaut zu Boden.

FRANK Komm her, mein Kleiner. Komm, kämm mir die Haare.

Er steht auf und holt einen Kamm.

FRANK Du darfst mir nicht weh tun, ja?

Whity kämmt ihn widerstrebend.
Frank tastet über Whitys Lippen.

FRANK Hab ich nicht zarte Hände, Whity? *Leise.* Warum hast du meinen Vater nicht umgebracht?

Whity antwortet nicht, wendet sich ab.

FRANK *schreit* Bleib stehn, verdammter Nigger!

Whity zögert, verläßt aber doch das Zimmer. Frank schaut ihm nach und geht zum Fenster.

Haus Nicholson, Küche

Mamie steht in der Küche und knetet einen Teig. Davie sitzt auf einem Schemel und schält Kartoffeln.
Whity kommt zur Tür herein. Er sieht Davie und geht auf ihn zu.

WHITY Hör auf.

*Davie schaut verständnislos auf. Whity nimmt ihm erst das Messer,
dann die Kartoffeln aus der Hand, packt ihn an den Schultern und
bringt ihn vor die Tür.*
Er schließt die Tür und schaut seine Mutter an.

WHITY Du bist wahnsinnig. Einen Nicholson Kartoffeln schälen
zu lassen.
MAMIE Er tut es gern. *Sie wendet sich ihrer Arbeit zu.* Vergiß nicht,
du bist auch ein Nicholson.
WHITY Ich bin ein Neger.

*Es klingelt. Whity will gehen. Als er die Tür öffnet, schleicht traurig
Davie herein, setzt sich an den Küchentisch und greift sich wieder
eine Kartoffel.*
Erneut ertönt das Glöckchen. Whity geht.

Haus Nicholson, Katherines Zimmer

Katherine klingelt immer heftiger.
Whity kommt. Sie will ihn küssen, aber er wendet sich ab.

WHITY Sie wünschen?

Sie läßt ihn los und wandert durchs Zimmer.

KATHERINE Frank war gerade hier. Du hast ihn beleidigt. Seit
wann darf ein Schwarzer einen weißen Mann beleidigen. Du bist das
Kreuz dieser Familie. Du weißt, daß du bestraft werden mußt.
WHITY Ja, ich habe es verdient.
KATHERINE *spöttisch* Oh Gott, er weint. Tatsächlich, er weint.
Eine menschliche Regung. Und ich war der Meinung, ihr Schwar-
zen seid keine Menschen.
WHITY Sie haben recht, wir sind keine Menschen.
KATHERINE *wechselt abrupt den Tonfall, einschmeichelnd* Warum
hast du Frank nicht ermordet? Ich hatte dich doch so darum
gebeten. War es nicht so?

Schnitt: Ben steht hinter der Tür und horcht.

KATHERINE Wir wollten uns dann den Besitz teilen. Überleg dir das doch. Wer sonst gibt einem wie dir schon so eine Chance?
WHITY Ich kann es nicht, Mylady.

Haus des Richters

Ben und eine Hausangestellte im Flur

HAUSANGESTELLTE Sie kommt sofort, Mister.

Schnitt: Die Hausherrin auf der Treppe, ein Kätzchen im Arm. Sie kommt langsam herunter. Ben küßt ihr die Hand. Sie führt ihn in das Arbeitszimmer des Richters.
Der Richter hinter seinem Schreibtisch. Er steht auf und gibt Ben die Hand.

RICHTER Guten Tag, Ben.
BEN Guten Tag, Dave.
HAUSHERRIN *an der Tür* Darf ich einen Sherry bringen?
RICHTER Das wär nett.

Sie geht.

RICHTER Setz dich doch.
BEN Ja, danke.
RICHTER Na, Ben. Wie gehts mit deiner Frau? *Er zwinkert ihm zu.* Gehts noch? *Er lacht.*
BEN Ich ... Ich werde mich bald scheiden lassen.
RICHTER *verschluckt das Lachen* Nein ... Ich habs ja gleich gewußt, das Weib ist ein Teufel. *Er lacht wieder.*

Die Hausherrin bringt den Sherry, schenkt den Männern ein. Sie schaut Ben an, der ihren Blick erwidert. Der Richter herrscht seine Frau an:

RICHTER Hau ab!

Sie geht, dreht sich noch einmal um und schließt dann die Tür.

RICHTER Nun erzähl mal.

BEN Katherine glaubt, daß ich bald sterbe. Und wartet auf die Erbschaft. Wir werden sie aber noch eine Weile zappeln lassen. Und dann, ruckzuck, steht sie auf der Straße. Niemand wird ungestraft einen Nicholson betrügen.

RICHTER Du willst sie zappeln lassen? Nein, das ist ja herrlich, das ist einfach phantastisch.

Er lacht. Ben fällt ein.

Saloon

Das Lokal ist fast leer. Ein Betrunkener, den Kopf auf den Tisch gelegt, schnarcht. Hanna sitzt am Tisch. Whity, am Nebentisch, schaut zu ihr. Der Musiker stellt sein Essen beiseite, klimpert etwas auf dem Klavier. Hanna singt: »It doesn't go together«. Whity versteht, was sie damit meint. Butch tritt ein, Peitsche in der Hand. Er schaut zu Whity. Hanna singt und tanzt. Bevor sie an seinem Tisch ist, verläßt Whity fluchtartig den Saloon. Hanna bricht ab, schaut ihm noch einen Moment nach und geht dann zu Butch an die Theke. Er will sie küssen, doch sie wehrt ab und geht hoch auf ihr Zimmer. Butch hält dem Wirt sein leeres Glas hin, der es füllt. Butch trinkt es in einem Zug aus und hält dem Wirt wieder sein Glas hin.

Auf der Straße

Whity klettert an der Hauswand zu Hannas Zimmer hinauf. Er schaut durchs Fenster: Das Zimmer ist dunkel.

Hannas Zimmer

Hanna kommt herein, zündet die Petroleumlampe an und schließt die Tür. Sie betrachtet sich im Spiegel, legt sich aufs Bett – es quietscht. Sie sieht Whity und geht zum Fenster, faßt schon den Riegel an, macht dann aber doch nicht auf. Sie schauen sich nur an.

Haus Nicholson

Whity steht vor Katherines Zimmer. Sie öffnet.

KATHERINE Whity?
WHITY Mr. Nicholson möchte uns in der Halle eine Mitteilung machen. Kommen Sie bitte herunter, Mylady.
KATHERINE Danke.

Sie schließt die Tür.
Whity geht durch den Flur. Eine Tür steht offen: Katherine beobachtet Whity.
Er geht weiter. Frank steht bereits in der Tür.

WHITY Mr. Nicholson möchte uns in der Halle eine Mitteilung machen. Kommen Sie bitte herunter.
FRANK Weißt du, Whity, um was es geht?
WHITY Nein, Herr.
FRANK Danke, Whity.

In der Halle. Davie sitzt an seinem Platz und ißt einen Pudding.
Die Kamera schwenkt zu Ben und Katherine.

KATHERINE Liebling, ist es was Wichtiges?
BEN Warte bitte, Kate, bis alle da sind.

Frank und Whity kommen die Treppe herunter.

BEN Also dann. Meine Ärzte haben mich dahingehend informiert, daß ich nicht mehr lange zu leben habe.

Die Kamera schwenkt über die Anwesenden: Frank, Whity, Davie, der ungerührt seinen Pudding ißt, Katherine.
Ben verliest sein Testament.

BEN Der gesamte Nicholson-Besitz geht im Falle meines Ablebens zu gleichen Teilen an Katherine Nicholson, geb. Stanwyck, und Frank Nicholson über, wobei streng darauf geachtet werden soll, daß ein Teil von Katherine Nicholsons Rechten, der noch genau zu bestimmen sein wird, an Frank Nicholson übergeht, sobald von diesem eine Ehe geschlossen werden sollte. Falls Katherine Nicholson eine neue Ehe eingeht, verliert sie ihren gesamten Anteil am Nicholson-Besitz, der dann an Frank Nicholson fallen soll. Dafür wird ihr eine Summe von 50 000 Dollar in bar ausgezahlt.

Als Grundbedingung für die Gültigkeit des Testaments gilt folgende Verfügung: David Nicholson soll bis zu seinem Ende auf dieser Welt in diesem Haus gepflegt und ernährt werden. Außerdem sollen Samuel King, genannt Whity, und seine Mutter Merpessa in diesem Haus ihr Auskommen, Beschäftigung und gute Behandlung erhalten bis an ihr Lebensende.

Dieses Testament wurde ausgestellt und unterschrieben am 29. April 1878. Ben Nathanael Richard Nicholson. *Er blickt in die Runde.*

Saloon, Hannas Zimmer

Hanna vor dem Spiegel. Sie schminkt sich. Neben ihr steht Whity; er wirkt ziemlich unglücklich.

HANNA Übrigens fahr ich morgen nach Chicago. Ich habe einen Job als Sängerin. Die Bezahlung ist sehr gut. Ich könnte uns beide davon durchbringen. Wenigstens die erste Zeit.

WHITY Ich bleibe bei meiner Familie. *Leise.* Ich hab sie lieb. Alle.

HANNA *erregt sich* Du hast überhaupt keine Ahnung von dieser Familie! Ist dir klar, warum dein Vater den Mexikaner umgebracht hat?

WHITY *schaut zu Boden* Weil er Katherine bedrängt hat.

HANNA Oh nein. Er mußte einen Arzt spielen und Katherine einreden, daß Ben bald sterben würde. Und nachdem seine Aufgabe erledigt war, hat er ihn abgeknallt wie einen tollen Hund. *Sie lacht.* Du und deine Familie! *Whity schaut sie zweifelnd an.* Er hat mir Geld gegeben. Eine hübsche Summe. *Sie geht zum Wäscheschrank, holt einen Packen Dollars heraus und hält ihn Whity hin.* Bitte. *Whity reagiert nicht.* Scheiß drauf! *Sie umarmt ihn, bedeckt ihn mit Küssen.* Bring sie um, bring sie alle um! Du mußt dich freimachen von ihnen. Du bist doch auch ein Mensch. *Sie fängt sich wieder. Ich muß jetzt runtergehn. Sie löst sich von ihm und öffnet die Tür. Man hört Klaviermusik im Off. Hanna geht und läßt ihn allein.*

Whity steckt den Packen Dollars ein. Diesmal nimmt er nicht das Fenster, sondern geht über die Treppe runter in den Saloon.

Saloon

Whity steht an der Theke.

WHITY Eine Flasche Whisky.

Der Wirt gibt ihm die Flasche. Whity entkorkt sie und setzt an. Ohne abzusetzen leert er die Flasche bis zur Hälfte. Er sieht sich im Lokal um: An einem Tisch spielt Butch mit seinen Freunden Karten. Whity geht an den Tisch und stößt Butch an.

WHITY Kann man mitspielen?

BUTCH Wenn du Geld hast?
WHITY *zeigt den Dollar-Packen* Ja.

Whity setzt sich. Butch grinst, mischt die Karten und teilt aus. Hanna singt. Die Männer pokern.

ERSTER SPIELER Ich will zwei haben.
ZWEITER SPIELER Eine.

Whity verliert im ersten Spiel. Butch lacht, klopft ihm auf die Schulter. Whity trinkt. Hanna singt: »One Million Dollar«.

Haus Nicholson, Franks Zimmer

Frank hat eine weiße Ku-Klux-Klan-Kapuze auf dem Kopf und kniet vor einem Kruzifix. Er betet.
Katherine kommt leise ins Zimmer. Sie schaut ihm eine Weile zu, bekommt plötzlich einen Lachanfall.

KATHERINE Gott, bist du komisch!

Frank zieht die Kapuze vom Kopf.

FRANK Warum lachst du?

Katherine lacht hemmungslos. Frank greift nach einem Dolch, geht langsam auf Katherine zu. Er holt mit den Dolch aus, doch Ben, der plötzlich in der Tür steht, umklammert seinen Arm.

BEN Frank!
FRANK *kleinlaut* Sie ... Sie hat mich ausgelacht, Pa.

Ben dreht ihm das Handgelenk um, bis Frank den Dolch fallen läßt. Um die Waffe auf dem Boden entsteht ein erbitterter Kampf. Katherine steht unbeteiligt daneben; als Frank nach dem Dolch greift, tritt sie ihm voll Verachtung auf die Hand. Der Kampf ist entschieden. Katherine geht. Ben erhebt sich mühsam vom Boden.

Haus Nicholson, Halle

Whity, hinter ihm Davie. Whity steckt Patronen in einen Revolver. Ben, der sich kaum auf den Beinen halten kann, kommt die Treppe herunter. Whity schaut auf. Ben lehnt am Treppengeländer.

BEN Du bist der einzige meiner Söhne, der etwas von mir hat. Frank ist krank, David ist krank. Katherine ist eine Hyäne. Ich befehle dir, alle zu töten. Der Besitz geht in deine Hände über.

Ein Schuß kracht. Ben ist getroffen. Ungläubig starrt er Whity an. Ein weiterer Schuß. Ben bricht langsam zusammen und stirbt.

Katherine kommt aus ihrem Zimmer gelaufen. Sie sieht den toten Ben, dann Whity.
Whity, hinter ihm Davie, kommt auf sie zu.

KATHERINE *voller Angst* Oh, nein, bitte schieß nicht. Du kannst den Besitz für dich haben. Bitte laß mich ... Laß mich am Leben. Ich bitte dich.

Ein Schuß kracht. Sie bricht auf der Treppe zusammen.
Whity und Davie steigen über ihre Leiche und gehen die Treppe hinauf.
Frank liegt noch am Boden. Als Whity, hinter ihm Davie, nahen, steht er auf, macht ein paar Schritte rückwärts, verkriecht sich hinter dem Vorhang. Er schüttelt ungläubig den Kopf.
Ein Schuß kracht. Frank bricht zusammen, reißt dabei den Vorhang herunter.
Whity geht traurig aus dem Zimmer. Davie folgt ihm.

Im Stall

Whity geht über den Vorplatz zum Stall, Davie humpelt hinterher. Im Stall. Whity schaut Davie an, hebt langsam den Revolver und richtet ihn auf Davie.
Davie schaut ihn lange an. In seine Augen kommt ein Funken Leben. Er nickt. Ein Schuß kracht. Davie bricht tot zusammen. Die Pferde scheuen.

Wüste

Morgendämmerung. Ein Pferd, Hanna und Whity. Whity zieht Livree und Hemd aus. Er schüttet den Inhalt der Wasserflasche über sich und schmeißt sie dann weg. Er wirft sich zu Boden.

HANNA Ist dir doch klar, daß wir jetzt verdursten.

Sie kniet neben ihm. Sie umarmen und küssen sich, wälzen sich am Boden.

Whity steht auf. Er hilft Hanna auf und gibt ihr einen Handkuß.
Sie tanzen in der Wüste. Schlußsong: »Good bye, my love, good
bye«.

It doesn't go together
your way of life and mine
It doesn't go together
even when the sun will shine
Good bye, my love, good bye
It doesn't go together
your way of life and mine

Die Niklashauser Fart

Titel: Schwarze Schrift auf weißem Grund

niklashauser fart

von rainer werner fassbinder
und michael fengler

Haus im Rohbau

Ein leerer Raum, unverputzte Wände, keine Türen.
Johanna, Antonio und der schwarze Mönch gehen auf und ab.
Lange Pausen zwischen den Dialogsätzen.

DER SCHWARZE MÖNCH *mit dem Rücken zur Kamera* Wer
braucht die Revolution?
ANTONIO Das Volk.
DER SCHWARZE MÖNCH Und ... wer macht die Revolution?
ANTONIO Das Volk.
DER SCHWARZE MÖNCH Und ... wer bereitet sie vor?
ANTONIO Die Partei.
DER SCHWARZE MÖNCH *dreht sich um* Wenn es aber nun keine
Partei gibt, sondern nur eine Zelle von drei oder vier Leuten?
JOHANNA Drei oder vier Leute können die Vorhut einer Partei
sein.
DER SCHWARZE MÖNCH Dürfen auch drei oder vier Leute versu-
chen, die Revolution zu machen?
JOHANNA Sie müssen versuchen, die Basis für die Revolution zu
schaffen.
DER SCHWARZE MÖNCH Ah ja. – Und ... wie machen sie das?
ANTONIO Durch Agitation, durch Schulung und durch ihr kämp-
ferisches Beispiel.
DER SCHWARZE MÖNCH Wenn die Agitation nicht verfängt, dür-
fen sie auch andere Mittel einsetzen?
JOHANNA Ja. Aufklärerische. Auch kämpferische.
DER SCHWARZE MÖNCH Dürfen sie eine Revolution inszenieren?
JOHANNA Das ist unmöglich.
DER SCHWARZE MÖNCH Dürfen sie zum Beispiel Theatereffekte
verwenden, wenn dadurch ihre Agitation wirkungsvoller wird?
JOHANNA Ja. Natürlich. Ja.
DER SCHWARZE MÖNCH Wer braucht die Revolution?
ANTONIO Das Volk.

Vor der Kirche

Totale: der Treppenaufgang zur Kirche; im Hintergrund, vor dem Kirchenportal, stehen Hans Böhm, Antonio, der schwarze Mönch, Margarethe und der Pfarrer, einige Bürger.
Die Einstellung ist mit unbewegter Kamera aufgenommen; ein extrem langsamer Zoom – die Einstellung dauert 5'10 Minuten – bringt die Gruppe vor dem Portal stärker ins Bild.

STIMME AUS DEM HINTERGRUND Ihr seid das Salz der Erde! Wenn aber das Salz schal wird, womit wird dann gesalzen?

HANS BÖHM *schlägt die Trommel* Das Schwert Gottes über die Erde! Grausam und ohne Zögern. Niemand soll mitgehn, der friedfertig jeder Gewalt ihren Raum läßt. Niemand soll sich schützen können vor der blutigen Vergeltung. Niemand soll vergessen, daß nur Er und seine himmlische Mutter die Macht haben, uns zu zerstören. Keiner soll sagen können, er habe von nichts gewußt. Habt ihr das Zeichen nicht erkannt? Seid ihr blöde wie das Vieh, daß ihr nicht seht, wohin uns die Gleichgültigkeit führt? Tut Buße! Vergeßt, wer ihr seid! Huldigt unserer lieben Frau, dem Morgenstern, der weißen Lilie, der Mitternachtssonne.

ALLE Meerstern, ich dich grüße,
   oh Maria hilf,
   Gottesmutter süße,
   oh Maria hilf.
   Maria, hilf uns allen
   aus unsrer tiefen Not.
   Rose ohne Dornen,
   oh Maria hilf,
   Du von Gott erkoren,
   oh Maria hilf.
   Maria, hilf uns allen
   aus unsrer tiefen Not.
   Trösterin der Armen,
   oh Maria hilf,
   hab mit uns Erbarmen,
   oh Maria hilf.
   Maria, hilf uns allen
   aus unsrer tiefen Not.

HANS BÖHM *schlägt die Trommel* Die Tage der Vergeltung sind angebrochen. Die Jungfrau hat mir ein Zeichen gegeben. Sie spricht mit mir, wenn ich zu ihr bete. Mit Abscheu erfüllt sie der Sündenpfuhl, in dem manch hoher geistlicher Herr und viele niedere Pfaffen versinken. Ein Beispiel sollten sie sein und sind nur törichte Brut. Brustlätze verwirren ihr Hirn und regen ihr Niederes an. Den Zehnten treiben sie ein härter als Fürstenknechte. Mitleid und Demut haben sie ganz verloren. Sie verdienen nicht, daß man sie schätzt und ehrt und ihnen dankbar ist. Man sollte sie schlagen. Ihr solltet sie schlagen. Schlagen, wo ihr sie trefft. Auf daß ihnen der üble Dampf aus den Hirnen spritzt. Wer also tut, tut recht, hat die Jungfrau gesagt. Kehrt um! Tut Buße! Vergeßt, wer ihr seid! Huldigt der Jungfrau! Ruft das Volk zur Wallfahrt nach Niklashausen! Das Schwert Gottes über die Erde! Grausam und ohne Zögern!

Zoom zurück in die Ausgangsposition.

Freies Feld

Antonio, der schwarze Mönch und Hans Böhm gehen über das Feld, gefolgt von Margarethe mit ein paar Schritten Abstand.
Der Wind pfeift. Nach einiger Zeit fängt Margarethe an zu singen.

MARGARETHE Rose ohne Dornen,
    oh Maria hilf . . .

Sie holt rasch auf, ergreift Böhms Hand und kniet vor ihm. Er wendet sich ihr zu, auch die beiden andern bleiben stehen.

MARGARETHE Wie sieht sie aus, die Mutter Gottes?
HANS BÖHM Steh auf.
MARGARETHE Laß mich knien vor dir.
HANS BÖHM Sie hat blaue Augen. Locken wie ein Engel, ganz helle Haut. Sie ist schön.
MARGARETHE Und ihre Stimme?
HANS BÖHM Ihre Stimme ist sanft. *Er wendet sich zum Gehen.* Ich muß gehn, gnädige Frau.

MARGARETHE *hält ihn fest* Wohin?

HANS BÖHM Zu meinen Schafen. Wo ich immer bin.

MARGARETHE Du kannst doch nicht zurück zu deinen Schafen.

HANS BÖHM Wer sollte auf sie achten?

MARGARETHE Du bist ein Mensch, mit dem die Mutter Gottes spricht. Du kannst dich jetzt nicht mehr um Schafe kümmern.

HANS BÖHM Bislang war ich der Heiligen nicht zu gering. Sie wird sich auch weiterhin nicht an meinem Umgang stoßen.

MARGARETHE Ich biete dir mein Haus. Es soll dir an nichts fehlen. *Zu den beiden andern.* Ihr müßt ihm sagen, daß er nicht mehr zu den Schafen gehen kann.

HANS BÖHM Ich werde mit ihr reden und sie fragen, ob es recht ist, daß ich in das Haus von einem Reichen geh. Sie wird mir eine rechte Antwort wissen.

Er löst sich von ihr. Die drei Männer gehen weiter, Margarethe geht zurück. Nach einer Weile bleibt sie stehen.

MARGARETHE Ich werde auf dich warten.

Hütte am Waldrand

Vor der Hütte stehen die drei Männer und Johanna, rechts neben der Hütte eine blökende Schafherde.

JOHANNA Wie war er denn?

DER SCHWARZE MÖNCH Du, unheimlich scharf.

JOHANNA *schaut verliebt zu Hans Böhm* So wie der aussieht.

DER SCHWARZE MÖNCH Wahnsinnig schön, ja.

JOHANNA Und gut sieht er aus. *Sie nimmt Hans Böhm bei der Hand und geht mit ihm beiseite. Sie umarmen und küssen sich, setzen sich ins Gras.*

DER SCHWARZE MÖNCH *off* Ich find den ja unheimlich gut. Der hat sowas.

ANTONIO *off* Was meinst du? Was Sympathisches?

DER SCHWARZE MÖNCH *off* Ne. Das ist nicht sympathisch. Der hat so ne Ausstrahlung, weißt du, so ... son Flair.

HANS BÖHM *singt* Oh Stern im Meere, Fürstin der Liebe, aller Bedrängten Lab und Trost ...

*Die Kamera wandert zu Antonio und dem schwarzen Mönch, die
auf einer Bank vor der Hütte sitzen.*

DER SCHWARZE MÖNCH Weißt du, ich kann mir vorstellen, daß
Leute, wenn die den anschaun, daß die dem nur noch zuhörn.
Verstehst du, weil ...
ANTONIO Irgendwie hört man da hin, ich weiß auch nicht warum.
Weil manche habens halt und manche nicht.

Die Kamera wandert wieder zu dem Liebespaar.

DER SCHWARZE MÖNCH *off* Meinst du, wir sollen zu der Zuchtel
da ziehen in das Haus da?
ANTONIO Willst wohl gut essen?
DER SCHWARZE MÖNCH *off* Du, ja. Wenn man gut essen kann,
dann soll man gut essen. *Die Kamera wandert wieder zu den beiden
Männern auf der Bank.* Wenn man gut wohnen kann, dann soll
man gut wohnen. Und wenn man Ferien machen kann, dann soll
man Ferien machen. Und wenn man was haben will, dann ...
dann soll mans haben. Das ist nicht gut, wenn Leute irgendwas
entbehren, das ist Scheiße. *Schaut direkt in die Kamera.* Nur wer
im Wohlstand lebt, lebt angenehm.

Margarethes Haus

*Ein abgedunkeltes Zimmer. Die Vorhänge sind bis auf einen Spalt
zugezogen.*
Margarethes Mann liegt im Bett. Sie füttert ihn.

MARGARETHE Ihm ist die Mutter Gottes erschienen, du dummer,
alter, kranker Mann. *Sie schließt verzückt die Augen.* Er ist so jung
und schön. Ich hab ihn eingeladen, hier zu wohnen. Das ganze
Haus steht leer. *Er wendet sich ab, preßt die Lippen zusammen.*
Sie füttert ihn wie ein Baby, das nicht essen will. Du kannst dich
doch nicht wehren. *Sie lacht.* Komm, sei still und iß. Sei brav.
Wenn du verhungerst, hast du keinen Anteil mehr an meinem
Leben. *Sie schaut aus dem Fenster, läßt den Löffel auf den Teller
sinken.* Er kommt ... zu mir. Zu mir. Er kommt zu mir – *sie*

132

betrachtet sich im Spiegel – die ich so unwürdig bin wie selten eine. Aber er kommt! *Sie geht aus dem Zimmer. Ihr Mann bleibt unbewegt im Bett sitzen.*

Hausflur

Margarethe öffnet die Tür. Hans Böhm steht vor ihr.

HANS BÖHM Die Mutter Gottes hat erlaubt, daß ich dein Haus zu meinem mache. *Er blickt zur Seite.* Sie hat verlangt, daß meine Freunde mich begleiten.

Er tritt ein. Johanna, der schwarze Mönch und Antonio folgen in deutlichem Abstand. Margarethe führt sie in den schmalen, düsteren Flur.

MARGARETHE Ich werde euch die Zimmer zeigen. *Zu Hans Böhm.* Komm. Dort wird dein Zimmer sein, da kannst du beten. – Wird dich die Mutter Gottes hier besuchen?
HANS BÖHM Sie kommt nur in der freien Natur, sie mag geschlossene Räume nicht.
MARGARETHE Bete mit mir.
JOHANNA *leise* Ich mag solche Räume nicht. Es ist dunkel. Überhaupt kein Licht. Macht mich ganz krank.
DER SCHWARZE MÖNCH Sei still.

Margarethe öffnet die Tür am Ende des Flurs.

MARGARETHE *zu Hans Böhm* Das ist mein Mann. Er ist dumm und alt und krank und kann nicht reden.

Sie treten ins Zimmer, die anderen folgen. Der Mann im Bett blickt feindselig.
Die Kamera schwenkt durch den Raum auf die im halbdunklen Raum stehende Gruppe. Margarethe kniet mit gefalteten Händen.

HANS BÖHM Eher geht ein Kamel durch ein Nadelöhr denn ein Reicher in den Himmel.

Im Schloß

Die Kamera schwenkt über das reich geschmückte Deckengewölbe zur Tür.
In der Tür steht ein Bauer im Straßenanzug. Der Berater des Bischofs, der die Tür geöffnet hat, stolpert rückwärts durch den Saal, der von halbnackten Knaben bevölkert wird.
Der Berater macht den Bischof auf den Besucher aufmerksam.

BISCHOF Was für ein Anblick! Was ist das für ein Mensch?
BERATER Ein Bauer, Euer Liebden. Er stinkt.
BISCHOF *betrachtet ihn interessiert* Er ... stinkt? Das muß ich selber riechen. Kommt.

Er steht auf und geht zur Tür, betastet und beriecht den Bauern von oben bis unten.

BISCHOF Im Ernst, du hast recht: Er stinkt. *Zum Bauern.* Kannst du sprechen?
BAUER Ich ... äh ...
BISCHOF Zauberhaft! Ach, diese Menschen sind so herrlich dumm.
BERATER *zum Bauern* Warum hast du dich hier angemeldet? Hast du etwas vorzubringen? Sprich!
BAUER Ich bin von Niklashausen rübergekommen, weil der Bischof ist mein Herr und ich ihn liebe. Denn heute morgen hat beim Niklashauser Frühlingsfest ein Schafshirt ihn mit Mord bedroht und allen andern.
BERATER Mit Mord? Den Bischof?
BISCHOF Was? *Er bricht in Weinen aus.* Warum denn gerade mir?
BAUER Weil die Heilige Mutter ihm erschienen ist. Die hats gesagt, und er solls weitergeben.
BERATER Und ... wie soll das alles weitergehen?

Die Kamera schwenkt auf eine dicke Frau, die mit gespreizten Beinen reglos im Stuhl sitzt. Es ist die Mutter des Bischofs.

Kirche von Niklashausen

Eine dunkle, karg ausgestattete Kapelle. Der Pfarrer steht am Altar, Hans Böhm kniet in der Bank.
Während der Szene langsamer Zoom auf den Pfarrer.

PFARRER Es gibt gewiß Situationen, deren Ungerechtigkeit zum Himmel schreit. Wenn ganze Völker das Notwendigste entbehren und in einer Abhängigkeit leben, die sie an der Initiative und Verantwortung sowie am kulturellen Aufstieg hindert und der Teilnahme am sozialen und politischen Leben beraubt, dann ist die Versuchung groß, solches gegen die menschliche Würde verstoßende Unrecht mit Gewalt zu verhindern. Trotzdem: Jeder revolutionäre Aufstand erzeugt neues Unrecht, bringt neue Störungen des Gleichgewichts mit sich, ruft neue Zerrüttungen hervor. Man darf ein Übel nicht mit einem noch größeren Übel vertreiben. Die ärmeren Völker können sich nie genug vor der Versuchung hüten, die von den reichen Völkern an sie herantritt. Aber sie müssen aus dem, was ihnen angeboten wird, auswählen und kritisch beleuchten und die Scheinwerte ablehnen, die den menschlichen Idealen nur abträglich sind. Sie mögen dagegen die gesunden und nützlichen Werte annehmen und sie, zusammen mit ihren eigenen, ihrer Eigenart entsprechend entwickeln. Diesen vollen Humanismus gilt es zu entfalten, und nur dieser Humanismus ist der wahre, der sich zu Gott hin öffnet aus Dankbarkeit für eine Berufung, die die richtige Auffassung vom menschlichen Leben schenkt. *Er klappt die Bibel zu.*

Am Waldrand

Hans Böhm agitiert die Leute (während seiner Rede: starre Kamera). Die Sonne scheint, Vögel zwitschern.

HANS BÖHM Diejenigen, die heute die Macht haben, sind eine Minderheit wirtschaftlich Privilegierter. Diese Minderheit wird niemals Maßnahmen gegen ihre eigenen Interessen treffen. Deshalb muß die Mehrheit sich organisieren, um alle erforderlichen Maßnahmen treffen zu können. Niemand soll ausgeschlossen sein, es sei denn, er hat Besitz, deswegen Einfluß und Macht über Besitzlose.

Das Land, das zum Wohl der Allgemeinheit benötigt wird, wird entschädigungslos enteignet. Es wird demjenigen gehören, der es selbst bebaut. Die Regierung wird dafür verlangen, daß die Bauern das Land in genossenschaftlicher Form bebauen und sich dabei an die Richtlinien eines Landwirtschaftsplans halten, der ihnen Kredite und technische Hilfe gewähren wird. Alle freien Unternehmen werden abgeschafft und durch genossenschaftliche Unternehmen ersetzt. Alle Banken, Krankenhäuser, Kliniken und die Ausbeutung der Naturschätze des Landes werden verstaatlicht. Der Staat wird allen eine kostenlose Ausbildung gewährleisten. Schulbesuch wird bis zum Abschluß der Oberschule oder der Berufsschule obligatorisch sein. Eltern, die die Schulpflicht ihrer Kinder vernachlässigen, werden bestraft. Folgende Vergehen werden als Verbrechen gegen die Gesellschaft angesehen werden: Wucher, Hortung, Spekulation, Kapitalflucht, Schmuggel, Verleumdung durch Presse, Rundfunk, Fernsehen und Film, Irreführung der öffentlichen Meinung durch falsche Nachrichten und unvollständige oder tendenziöse Information.

In jeder Gemeinde, in jedem Dorf oder Stadtviertel werden Aktionskomitees gegründet. Niemand wird mehr unterdrückt werden. Keinem soll es gelingen, uns zu spalten. Wenn wir einig sind, dann sind wir stark! Und wenn wir stark sind, brauchen wir Pfaffen und Unternehmer, Herzöge und Kapitalisten, den Bischof und den Gutsherrn nicht zu fürchten!

Die Zuhörer bewaffnen sich mit Knüppeln und begeben sich auf Wallfahrt nach Niklashausen. Der Zug führt vorbei an Antonio und dem schwarzen Mönch.
Vor der Kirche erwartet sie der Pfarrer. Der Bauer, der Hans Böhm beim Bischof denunziert hat, hält sich abseits. Hans Böhm gibt ein Zeichen; seine Anhänger halten an und knien nieder. Er segnet sie und stimmt ein Lied an.

HANS BÖHM Voran du Arbeitsvolk, du darfst nicht weichen,
  die rote Fahne, das ist dein Zeichen.
  Voran mit frischem Mut auf neuen Bahnen,

die roten Fahnen wehn dir voran.
Blutrote Fahnen grüßt das Sonnenlicht,
blutrote Fahnen rufen zum Gericht.
Blutrote Fahnen werden Sieger sein,
sie tragen neue Hoffnung in die Welt hinein.
Es lebe Lenin – zerschlagt den Faschismus!

Ihr Ausgebeuteten, von Not umgeben,
die rote Fahne sollt ihr erheben.
Ihr Proletarier, laßt euch ermahnen,
die roten Fahnen wehn euch voran.
Blutrote Fahnen grüßt das Sonnenlicht,
blutrote Fahnen rufen zum Gericht.
Blutrote Fahnen werden Sieger sein,
sie tragen neue Hoffnung in die Welt hinein.
Es lebe Lenin – zerschlagt den Faschismus!

Kirche von Niklashausen

PFARRER Du hast Haß gesät unter den Menschen.

HANS BÖHM Ich rede nicht aus meinem Kopf heraus.

PFARRER Glaubst du, die Muttergottes handelt wider die Gebote
der Heiligen Römischen Kirche?

HANS BÖHM Ich weiß nicht mehr, als was ich sage.

PFARRER Was zu dir spricht, ist ein Trugbild aus der Hölle.

HANS BÖHM Was zu mir spricht, ist schön. Und Schönheit kommt
von Gott, hab ich gelernt. Der Haß muß sein, daß Schönheit jeder
sehen kann.

*Die Tür geht auf. Margarethe kommt herein. Sie schaut zuerst Hans
Böhm an, dann den Pfarrer, kniet vor diesem und küßt ihm die
Hand. Hans Böhm verläßt die Kapelle.*
*Margarethe geht zum Altar und kniet vor dem Kruzifix. Die Orgel
intoniert das Kyrie eleison.*

Freies Feld

Ein Mann im schwarzen Anzug kniet mit gefalteten Händen auf dem Feld und singt:

MANN Erde, singe, daß es klinge
    laut und stark dein Jubellied.
    Himmel alle, singt zum Schalle
    die ...

Er wendet sich um und bricht ab. Auf der Straße wandert eine Familie mit fünf Kindern.
Der Mann auf dem Feld steht auf, bekreuzigt sich und geht zur Straße.

MANN *gibt ihm die Hand* Gott zum Gruß!
FAMILIENVATER Da soll einer sein in Niklashausen, der spricht von einer neuen Landverteilung.
MANN Neu oder anders?
FAMILIENVATER Ein jeder kriegt ein Stück von gleicher Größe, und das besitzt er dann.
MANN Und die Lehnsherrn?
FAMILIENVATER Bischöfe, Kaiser und Papst werden erschlagen.
MANN Das lästert Gott.
FAMILIENVATER Nicht Gott, denn dieser Wunsch soll von der Mutter Gottes stammen. Die spricht zu dem, und er gibt weiter. Was da geschehen soll, das ist gerecht.
MANN Ich nehme Frau und Kinder und zieh mit euch nach Niklashausen.

Er schließt sich ihnen an, gemeinsam wandern sie weiter.

Im Wald

Hans Böhm, Antonio und der schwarze Mönch gehen auf und ab.

DER SCHWARZE MÖNCH Nimm mal an: In einem Volk von Jägern kostet es den doppelten Arbeitsaufwand, einen Bären zu töten anstatt einen Hirschen zu erlegen. So müßte sich eigentlich ein Bär gegen zwei Hirsche tauschen lassen. Also die Arbeit von zwei Tagen oder zwei Stunden müßte doppelt soviel wert sein wie die Arbeit von einem Tag oder einer Stunde. Das ist klar.

HANS BÖHM Wenn aber jetzt in einer friedlichen Gesellschaft ein Bär gegen einen Hirschen ausgetauscht wird, weil der, der den Hirschen erlegt hat, gern ein Bärenfell möchte und jetzt jemanden findet, der ihm ein Bärenfell gibt?

DER SCHWARZE MÖNCH Ja, das wäre ganz schlecht, weil ... ja ... Das ist doch ganz logisch, schau mal her: Für einen Bären brauchst du zwei Tage und für einen Hirschen brauchst du einen Tag. Wenn sich jetzt plötzlich ein Bär gegen einen Hirsch tauschen ließe, würde kein Mensch mehr Bären jagen. Das ist doch klar. Alle Leute würden plötzlich nur noch Hirschen jagen, es würden überhaupt nur noch Hirschen gejagt werden, es gibt ein Überangebot an Hirschen, und eines Tages da könntest du sie überhaupt nicht mehr loswerden.

ANTONIO Angebot – Nachfrage.

DER SCHWARZE MÖNCH Nur die Tauschrate. Zwei Hirschen gegen einen Bär schafft eine stabile Lage. Und die Tauschrate ermißt sich halt eben nach dem Arbeitsaufwand.

ANTONIO Das gilt so lange alle selber produzieren und ihre Produkte gegenseitig tauschen.

DER SCHWARZE MÖNCH Wenn sich aber auch die persönlichen Bedürfnisse nach dem Tauschmarkt regeln, dann kann man sie nur noch verhältnismäßig befriedigen. Nimm mal an: Jemand wohnt in einem kleinen Haus, und dieses kleine Haus steht zwischen lauter kleinen Häusern, dann befriedigt dieses kleine Haus alle gesellschaftlichen Ansprüche an eine Wohnung. Wenn aber das kleine Haus neben einem Palast steht, dann schrumpft das kleine Haus zu einer unheimlichen Hütte zusammen.

HANS BÖHM Also wird der Bewohner von dem kleinen Haus, von dem verhältnismäßig kleinen Haus, sich immer unbehaglicher, unbefriedigter, bedrückter in seinen vier Pfählen finden.

DER SCHWARZE MÖNCH Hm. Mag sein.

ANTONIO Ja.

Schloßterrasse

Der Bischof und seine Mutter, der Berater und die Knaben lagern auf der Terrasse und essen. Die Sonne scheint. Die Kinder singen zur Laute: »Ich freue mich auf die Blumen rot, die mir der Frühling bringen wird.«

Im Steinbruch

In der Öde des Steinbruchs stehen Hans Böhm, Antonio, Günther und der schwarze Mönch; Margarethe kniet andächtig vor Hans Böhm. Ein Zoom holt die Gruppe heran.
Hans Böhms Rede hallt als Echo wider.

HANS BÖHM Die erste Frage, die wir uns stellen müssen, ist diese: Was ist der Wert einer Ware? Wie wird er bestimmt? Der Wert eines Zentners Weizen zum Beispiel bleibt an sich stets gleich. Wenn man ihn aber gegen eine bestimmte Menge Stahl austauscht, so beziehen sich beide, Weizen und Stahl, auf ein Drittes, das ihr gemeinsames Maß ist. Der Maßstab für die Rechnung des Tauschwerts einer Ware aber ist die für die Produktion dieser Ware aufgewandte gesellschaftliche Arbeit. Wenn nun einer kommt und sagt: »50 Mark, das ist ein niederer, und 100 Mark, das ist ein hoher Wochenlohn für eine Arbeit«, so kann man damit noch gar nichts anfangen. Arbeitslöhne können nur dann hoch oder niedrig genannt werden, wenn man sie mit einem Standard vergleichen kann, woran ihre Größen zu messen wären. Warum aber wird ein bestimmter Geldbetrag für eine bestimmte Arbeitsmenge gegeben?
STIMME AUS DEM OFF *Megaphon* Das ist bestimmt durch das Gesetz von Angebot und Nachfrage.
ZWEITE STIMME AUS DEM OFF Und durch welches Gesetz wird Angebot und Nachfrage selbst reguliert? Und ist es ein Gesetz, das seit Ewigkeit besteht? Daß für jede Art von Handel unumstößlich ist? Die Warenpreise werden nämlich nicht bestimmt oder geregelt durch die Arbeitslöhne. In den Warenpreisen befindet sich auch der Profit des Produzenten, auch in den Rentenraten des Grundeigentümers.

Rock-Session

Die Rock-Gruppe »Amon Düül II« improvisiert ein Instrumental-stück. Die Zuhörer, unter ihnen Günther und der schwarze Mönch, liegen auf dem Fußboden, rauchen und trinken. Während der fast fünf Minuten langen Einstellung schwenkt die Kamera über die Musiker und Zuhörer; am Schluß ein Zoom auf Günther.

Freies Feld

Antonio, Gewehr in der Hand, und der schwarze Mönch gehen auf einem Feldweg. Im Hintergrund Strommasten.

DER SCHWARZE MÖNCH Es reicht nicht. Trotzdem.
ANTONIO Sie verstehn noch lange nicht.
DER SCHWARZE MÖNCH Nein.
ANTONIO Meinst du, wir sollen aufhörn?
DER SCHWARZE MÖNCH Jetzt noch? Sind doch schon ziemlich
    weit.
ANTONIO Und doch: Sie lernen nicht.
DER SCHWARZE MÖNCH Es ist für sie.
ANTONIO Ja.
DER SCHWARZE MÖNCH Wir werden die Mutter Gottes sprechen
    lassen zu ihnen.
ANTONIO Die Mutter Gottes?
DER SCHWARZE MÖNCH Johanna wird ihre Mutter Gottes sein.

Margarethes Haus

Johanna sitzt vor einem großen Spiegel. Links von ihr lehnt Antonio an der Wand, rechts Günther, der Zeitung liest. Der schwarze Mönch sitzt auf einem Sessel, trinkt aus einer Bierflasche und raucht. Johanna legt ein goldenes Diadem um die Stirn. Der schwarze Mönch gibt leise den Einsatz.

JOHANNA »Wer euch einreden will, daß der Grundbesitz weniger
    Teil einer natürlichen Ordnung sei ...«

DER SCHWARZE MÖNCH *unterbricht* »Grundbesitz ist weniger Teil ...«

JOHANNA Was hab ich jetzt gesagt?

DER SCHWARZE MÖNCH Du hast »daß« gesagt.

JOHANNA »Der Grundbesitz weniger ist Teil einer natürlichen Ordnung. Daß ... äh ... Eigentum nur verpflichtet, daß nur ...«

DER SCHWARZE MÖNCH »Nur Eigentum verpflichtet ...«

JOHANNA Jetzt laß mich mal fertig! »Daß nur der Verantwortung tra...«

DER SCHWARZE MÖNCH *insistiert* »Nur Eigentum verpflichtet.«

JOHANNA »Nur Eigentum verpflichtet. Daß nur der Verantwortung tragen könne, der besitzt ...«

DER SCHWARZE MÖNCH »Nur der kann Verantwortung tragen, der besitzt.«

JOHANNA »Nur der kann Verantwortung tragen, der besitzt. Er ist des Teufels.«

DER SCHWARZE MÖNCH »Der ist des Teufels«, ja?

JOHANNA »Der ist des Teufels.«

DER SCHWARZE MÖNCH Zweiten Satz.

JOHANNA »Wer euch weismachen will, daß alles, was geschieht, zu eurem Wohl geschieht ...«

DER SCHWARZE MÖNCH Auch da ohne »daß«. – »Wer euch weismachen will, alles, was geschieht, geschehe zu eurem Wohl ...«

JOHANNA »Wer euch weismachen will, alles, was geschieht, geschehe zu eurem Wohl, euch aber keinen Einblick gewährt, der ...« Ja, was? *Sie schaut fragend zum schwarzen Mönch.* »Der ... *unsicher.* lästert Gott.«

DER SCHWARZE MÖNCH »... lästert Gott.«

JOHANNA Was?

DER SCHWARZE MÖNCH Schon schön, was?

JOHANNA Nein. »Der ...« – äh, das müßte irgendwie würdiger – »der versündigt sich gegen unseren Vater.« *Sie schaut in den Spiegel.* Die Pose ist irgendwie noch nix.

DER SCHWARZE MÖNCH Demütiger.

JOHANNA Demütiger, ja. *Sie probt einige Posen, senkt den Blick etc.*

ANTONIO Demütig ist wirklich besser.

JOHANNA Ach Gott. Jetzt machen wirs noch mal mit Text und ...

DER SCHWARZE MÖNCH ... und demütiger Pose, ja.

JOHANNA Obwohl das verliert, find ich, wenn ich das – *sie blickt zu Boden* – alles so runter sprech.

DER SCHWARZE MÖNCH Weiß nicht. Mußt bloß aggressiver reden.

JOHANNA »Wer euch einreden will, daß der Grundbesitz weniger ...«

DER SCHWARZE MÖNCH *klopft mit der Bierflasche* »Der Grundbesitz ist weniger ...«

JOHANNA Ja, ja, weiß ich, jetzt gib mir mal einen Schluck! *Sie trinkt aus der Bierflasche.*

DER SCHWARZE MÖNCH So.

JOHANNA »Wer euch einreden will: ›Der Grundbesitz weniger ist Teil einer natürlichen Ordnung. Jeder, der besitzt, kann Verantwortung tragen. Eigentum heißt nur Verpflichtung‹, der ist des Teufels« – ich find, an der Stelle müßt ich aufschauen – »der ist des Teufels.«

DER SCHWARZE MÖNCH Dann mußt du es aber noch aggressiver sagen. Dann mußt du ...

JOHANNA *schaut zu Boden* »Wer euch weismachen will, daß alles, was geschieht, zu eurem Wohl geschieht, euch aber keinen Einblick gewährt ... *Sie macht eine Pause, schaut auf:* der lästert Gott.«

DER SCHWARZE MÖNCH »Der ist des Teufels.« – Also, das muß viel aggressiver kommen, viel, viel aggressiver.

JOHANNA Vielleicht bin ich auch ...

DER SCHWARZE MÖNCH Die Pause ist auch viel zu lang gewesen.

Während Johanna weiter ihren Text probt, Zoom auf Günther.

GÜNTHER *liest aus der Zeitung vor* In einem erbitterten Schußwechsel mit der Polizei wurden am 14. Dezember vergangenen Jahres in einer Chicagoer Mietwohnung zwei Führer der militanten Black Panther-Bewegung erschossen. So wenigstens lautete der bisherige Polizeibericht zum Tod des 21jährigen Fred Hampton und des 22 Jahre alten Mark Clarke. Eine Untersuchungskommission kam jetzt zu einem bezeichnenden Ergebnis: Von den hundert abgefeuerten Kugeln kamen 99 aus den Revolvern und Maschinenpistolen der Polizisten und eine aus einer Waffe der Black Panthers. Schlußfolgerung: Das Vorgehen der Polizei läßt die öffentlichen Zweifel an ihren Fähigkeiten oder gar an ihrer Glaubwürdigkeit durchaus berechtigt erscheinen.

Aus dem Off hört man die Stimmen von Johanna und dem schwarzen Mönch: »... der lästert Gott.«

Marienerscheinung

Vor dunklem Hintergrund: Antonio, Günther, Margarethe und der schwarze Mönch; vor ihnen kniend Hans Böhm. Starre Kamera. Die Trommel wird kurz geschlagen.

HANS BÖHM *singt*
   Oh Stern im Meere, Fürstin der Liebe,
   Aller Bedrängten Lab und Trost.
   Wenn du mir beistehst,
   fürcht ich kein Unheil.
   Alles ist heiter, alles ist gut.

Die Trommel wird geschlagen.
Die Kamera wandert durch den dunklen Raum. Zoom auf Johanna, mit blonder Perücke und Krone zurechtgemacht als Mutter Gottes.

JOHANNA Die Herrschenden sagen euch: »Jeder ist seines Glückes Schmied.« Sie sagen euch: »Niemandem wird hier etwas versagt, der es nur ernsthaft erstrebt.« Ich sage euch: Dies sind hohle Worte.
   Die Herrschenden sagen euch: »Grundbesitz ist Teil einer natürlichen Ordnung.« Sie sagen euch: »Eigentum verpflichtet.« Sie sagen: »Niemand kann Verantwortung üben, der nicht besitzt.« Ich sage euch: Wer euch solches einreden will, der ist des Teufels.
   Die Herrschenden sagen euch: »Alles was geschieht, geschieht zu eurem Wohle.« Aber sie wollen euch keinen Einblick gewähren. Ich sage euch: Wer euch solches einreden will, der handelt gegen den Willen Gottes.
   Wer die Zeichen dieser Zeit nicht sieht, wer nicht begreifen will, was vor sich geht, den wird Gott strafen – hart und unerbittlich.

Das Bild wird schwarz.
Die Trommel wird geschlagen. Kameraschwenk zurück zu der Gruppe.

HANS BÖHM *singt* Höre mein Flehen, neige dein Antlitz,
gib, meine Herrin, Friede und Heil.
Höre mein Flehen, neige dein Antlitz,
gib, meine Herrin, Friede und Heil.

Margarethes Haus

Margarethe steht mit gefalteten Händen am Fenster.

MARGARETHE *in hysterischer Verzückung* Mein Gott ist hier ...
in mir! Mein Gott ist in meinem Bauch! Das schmerzt wie Feuer,
Feuer in meinem Bauch. Das ist die Liebe! Gott liebt mich! Ich
bin unbedeutend ... und doch: Ich werde geliebt! *Sie breitet die
Hände gen Himmel.* Ich kann doch nicht reden, ich ... ich
schreie!

*Sie reißt die Gardine herunter, dabei fällt eine brennende Kerze um.
Sie wälzt sich über das Bett, in dem reglos ihr kranker Mann liegt.*

MARGARETHE Das braucht Licht ... Licht! Das muß atmen – oder
ich ersticke! Dieser Schmerz ... ich bin ... glücklich!

*Sie reißt den anderen Vorhang herunter. Im Hintergrund lodern
Flammen.*

MARGARETHE Ah, ah – alles muß brennen, brennen, mein
Bauch ...

Sie kriecht auf dem Boden zu Hans Böhm, der stumm betet.

MARGARETHE Du mußt mich lieben! Du mußt ... jetzt ... hier ...
nimm mich ... ah ...
HANS BÖHM *wehrt sie ab* Berühre mich nicht, Armselige. Ich bin
Geist. Beschmutze mich nicht.

*Er löst sich aus ihrer Umklammerung; Margarethe sackt zu Boden.
Im Hintergrund stehen Günther, Johanna, der schwarze Mönch
und Antonio, die unbewegt die Szene beobachten.*

Beim Essen

Johanna und Hans Böhm sitzen am Tisch und essen.

JOHANNA Du schaust mich nicht mehr an seit langem.

HANS BÖHM Ich segne dich, wie alle andern.

JOHANNA Ich mein nicht so was. Ich mein, wie du schaust und magst nich.

HANS BÖHM Ich liebe alle wie mich selbst.

Pause.

JOHANNA Du bist nicht mehr klar im Kopf. Du meinst, du bist der, den sie sehn, die andern.

HANS BÖHM Ich weiß, wie ich bin.

JOHANNA Schau, Hans: Das, was wir machen, ist schon ganz richtig. Wenn ich dich anschau, werd ich ganz krank.

HANS BÖHM Mit mir ist Gott und die heilige Jungfrau.

JOHANNA Die Jungfrau bin ich.

HANS BÖHM Du versündigst dich, Mädchen.

Pause.

JOHANNA Komm, Hans, laß uns gehn. Noch geht es. Wir vergessen das alles.

HANS BÖHM Gehn? Warum?

JOHANNA Weil alles Schwindel ist. Und dich krank macht. *Heftig.* Die heilige Jungfrau bin ich, schau mich doch an!

HANS BÖHM Jetzt versteh ich nimmer mehr, was du sagst.

JOHANNA Ich hab dich lieb.

HANS BÖHM Du darfst mich nicht anrührn mit deinen Fingern.

Sie essen schweigend weiter.

Politischer Unterricht

Im Halbdunkel stehen an der Wand: Der schwarze Mönch, Johanna, zurechtgemacht als Mutter Gottes, Hans Böhm, Antonio und Günther.
Bis auf Hans Böhm blicken alle starr geradeaus.
Unbewegte Kamera. Bei Signalwörtern, die Hans Böhm an die Tafel schreibt, Zoom auf einzelne Mitglieder der Gruppe, dann zurück in die Ausgangsposition.

HANS BÖHM Man hat euch gesagt, daß mehr Schulen gebaut werden sollen, daß Bildung das Hauptanliegen dieser Regierung ist. Aber mehr Geld für Schulen heißt im Augenblick mehr Geld für die Privilegierten, weniger auf Kosten anderer. Für zwei Drittel eurer Kinder ist in diesen modernen Schulen kein Platz. Deshalb lehnt es ab, daß Schulen gebaut werden sollen. Helft euch selbst! Lesen und schreiben lernen kann jeder in weniger als 40 Stunden. Erzählt von euren Erfahrungen, sprecht über euer Leben. Den Brunnen – *er schreibt »Brunnen« an die Tafel* – des Großgrundbesitzers, der das Wasser nach seinem Gutdünken rationiert, kennt ihr alle. Und auch die Pachtschulden – *er schreibt das Wort an die Tafel,* – die von der Polizei – *Tafel* – eingetrieben werden. Mit Gewalt *Tafel* – und Schrecken – *Tafel* – versucht man euch von eurer Selbstbestimmung – *Tafel* – abzuhalten.
Wenn ihr dies aussprecht und dann lest und schreibt, entziffert ihr eure Wirklichkeit. Keine Regierung kann es sich leisten, diesen Elementarunterricht zu gestatten. Keine Regierung hat genügend Gewalt, um ein Volk zu beherrschen, das so die Entfremdung seiner Umwelt im Entziffern erleben würde.

Vor Margarethes Haus

Links liegen zwei Männer apathisch auf der Treppe, rechts an der Wand lehnt der schwarze Mönch. Auf dem oberen Treppenabsatz steht Hans Böhm; er betet.
Die Tür geht auf. Margarethes Mann – im Nachthemd – kommt heraus, verfolgt von seiner Frau, die mit einem langen Messer auf ihn einsticht. Er bricht blutend auf der Treppe zusammen; Margarethe

sticht im Blutrausch noch zehn-, zwölfmal zu, bis sie über dem Leichnam zusammensinkt.
Hans Böhm segnet sie, faltet dann wieder die Hände. Zoom auf die geöffnete Haustür: Dort steht Antonio, mit geschlossenen Augen, Gewehr im Arm, einem Heiligenbild gleich.

Am Fluß

Johanna und der schwarze Mönch gehen am Fluß entlang. Erst nach einer Weile spricht Johanna.

JOHANNA Wir wollten sie frei. *Er nickt.* Alle frei!
Zweck heiligt die Mittel. Wir haben uns verrechnet. *Er schüttelt den Kopf.*
Alle werden sich verrennen.
Statt klar im Kopf: Religion.
Wir wollten, sie sollen denken. Sie sind kaputt gemacht.
Sie können nicht denken.
Zum Beten gebracht. Das geht, aber sehn ...
Dabei ist alles so einfach.
Warum arbeitet einer, daß ein anderer die Lust haben kann.
So einfach ist das. Warum sieht er das nicht?
Weil das Glück im Himmelreich kommt. Was er erlernt hat auf Erden.

Sie bleiben stehen. Er umarmt und tröstet sie.

Auf der Landstraße

Günther, Antonio und der schwarze Mönch gehen auf der Straße. Musik: Western-Melodie.

GÜNTHER Man muß in kleinen Gruppen kämpfen. Große Haufen schaden nur.
ANTONIO Keiner kennt den andern. Nur wenn sie kämpfen, wissen sie vielleicht, wer sie sind.
GÜNTHER Wir können den Bischof totschlagen. Aber was kommt danach?

ANTONIO Die Religion muß man ihnen aus den Köpfen schlagen, dann verstehn sie vielleicht.

GÜNTHER Wenn wir auf Wunder warten, werden wir unser Ziel niemals erreichen. Wie willst du ihnen denn die Religion versalzen?

Der schwarze Mönch raucht und schweigt.

Kellertheater

Kameraschwenk über Gemälde – auf dem ersten ist zu lesen: »Vergessen Sie alles!« – und Lüftungsklappen. Günther – mit nacktem Oberkörper – und der schwarze Mönch sitzen im Zuschauerraum. Vorn, von Scheinwerfern angestrahlt, Antonio, Johanna als Mutter Gottes und Hans Böhm, vor dem eine Frau kniet.

HANS BÖHM *off* Lange Jahre hindurch haben die Armen unseres Landes auf den Aufruf zum endgültigen Kampf gegen die Oligarchie gewartet. In den Augenblicken äußerster Verzweiflung des Volkes hat die herrschende Klasse immer Mittel gefunden, das Volk zu betrügen und abzulenken, indem sie es mit neuen Formulierungen besänftigte, die immer auf dasselbe hinausliefen, nämlich Leiden für das Volk und Wohlstand für die privilegierte Klasse. Von nun an wird das Volk auf keinen Betrug mehr hereinfallen. Das Volk weiß, daß es nur noch den bewaffneten Weg gibt. Das Volk ist verzweifelt entschlossen, sein Leben aufs Spiel zu setzen, damit die kommende Generation keine Generation von Sklaven mehr sein wird. Damit die Kinder derer, die heute bereit sind, ihr Leben aufs Spiel zu setzen, Ausbildung, Unterkunft, Nahrung, Kleidung, vor allem aber Menschenwürde erhalten. Jeder echte Revolutionär muß erkennen, daß der bewaffnete Weg der einzig mögliche ist. Aber das Volk wartet darauf, daß die Anführer mit ihrem Beispiel – *Kameraschwenk: Hans Böhm kommt ins Bild* – und ihrer Gegenwart das Zeichen zum Kampf geben. Ich möchte euch sagen, daß dieser Augenblick gekommen ist. Daß ich auf die Plätze der Dörfer und Städte gegangen bin und die Volksklasse dazu aufgerufen habe, sich zu vereinigen und zu organisieren zur Erkämpfung der Macht. Und daß wir für dieses Ziel unser Leben einsetzen müssen.

Jetzt ist alles bereit. Wir sind früh aufgebrochen, denn unser Weg ist weit. Aber wir müssen geduldig hoffen und darauf vertrauen, daß wir diesen Kampf gewinnen werden.

Für die Erkämpfung der Macht durch das Volk bis in den Tod! Bis in den Tod – denn wir sind zum Äußersten entschlossen. Bis zum Sieg – denn ein Volk, das sein Leben einsetzt, wird immer den Sieg erringen!

Christus, mein Herr, hat gesagt: Ich bin nicht gekommen, den Frieden zu bringen, sondern das Schwert. Jeder Christ hat die Pflicht, ein Revolutionär zu sein. Jeder Revolutionär hat die Pflicht, die Revolution zu machen.

Keinen Schritt zurück – Freiheit oder Tod!

Müllkippe

Drei Frauen, blutbesudelt und kalkweiß geschminkt, in der Hand einen Pflasterstein. Eine der Frauen rezitiert mit Emphase Kleists »Penthesilea«. Den letzten Verszeilen ist ein leises Summen unterlegt.

MAGDALENA Ihr Sichelwagen, kommt, ihr blinkenden,
    Die ihr des Schlachtfelds Erntefest bestellt,
    Kommt, kommt in greulichen Schnitterreihen herbei!
    Und ihr, die ihr der Menschen Saat zermalmt,
    Daß Halm und Korn auf ewig untergehen,
    Ihr Reiterscharen, stellt euch um mich her!
    Du ganzer Schreckenspomp des Kriegs, dich ruf ich,
    Vernichtender, entsetzlicher, herbei!
    Dich, Ares, ruf ich jetzt, dich Schrecklichen,
    Dich, meines Hauses hohen Gründer, an!
    Oh! – deinen erznen Wagen mir herab:
    Wo du der Städte Mauern auch und Tore
    Zermalmst, Vertilgergott, gekeilt in Straßen,
    Der Menschen Reihen jetzt auch niedertrittst;
    Oh! – deinen erznen Wagen mir herab:
    Daß ich den Fuß in seine Muschel setze,
    Die Zügel greife, durch die Felder rolle,
    Und wie ein Donnerkeil aus Wetterwolken,
    Auf dieser Menschen Scheitel niederfalle!

Das Summen schwillt an: »Völker, hört die Signale«. Kamera-
schwenk über die dampfende Müllhalde.

Schloß

In der Mitte des Saals sitzt unbewegt die Mutter des Bischofs, am
Fenster stehen der Berater und ein Soldat. Auf dem Boden hockt ein
halbnackter Knabe.
Völlig aufgelöst kommt der Bischof durch die offene Terrassentür ins
Zimmer. Weinend legt er den Kopf in den Schoß der Mutter.

BISCHOF Bringt mich in ein Kloster, Mutti! In eine Zelle, wo mir
  niemand wehtun kann.
BERATER Der Mensch wird schon verhaftet und hierher gebracht.
BISCHOF Hierher? Daß er mich eigenhändig tötet? *Er umklammert*
  den Soldaten. Hilf, Mutter Gottes!
BERATER Er wird bewahrt und morgen schon verbrannt.
BISCHOF Verbrannt? *Plötzlich interessiert.* Wie brennt ein Mensch?
  Schreit einer, wenn er brennt? Das bereitet doch sicher große
  Schmerzen.
BERATER Gewiß, Euer Liebden. Der Schmerz wird unerträglich
  sein.
BISCHOF Oh, das ist köstlich! Köstlich! *Er wälzt sich mit dem*
  Knaben auf dem Boden. Und ich werde meinen Platz in der
  Geschichte haben. In den Büchern wird man von mir schreiben.
BERATER Das kann schon sein, Euer Liebden. Ihr werdet euren
  Platz in der Geschichte kriegen.
BISCHOF Ah. Dann mag geschehen, was geschehen muß.

Lager in Niklashausen

Totale: Ein Zeltplatz auf einer Wiese, im Hintergrund ein Camping-
wagen. Hans Böhm sitzt im Waschzuber und läßt sich von zwei
Frauen bedienen. Vogelgezwitscher, Sonnenschein. Hans Böhm
singt ein Lied: »Wie schön währt unser Maien«.
Auf dem Feldweg kommen zwei deutsche und zwei amerikanische
Polizisten. Im Hintergrund auf der Wiese steht der Denunziant.

Eine der Frauen blickt auf, entdeckt die Polizisten und schreit. Die Wallfahrer kommen aus den Zelten; die Polizisten feuern mit Maschinengewehren in die Menge.
Die Kamera folgt einer MG-Garbe, die ein Zelt durchlöchert. Hinter dem Zelt sitzt Günther. Er spricht direkt in die Kamera.

GÜNTHER Wenn eine Regierung durch eine lange Kette von Miß-bräuchen und Rechtsbrüchen einen absoluten Despotismus hervorgebracht hat, dann ist es unser Recht, dann ist es unsere Pflicht, eine solche Regierung abzuwerfen.

Überall haben junge Freiheitskämpfer damit begonnen, den Widerstand zu organisieren. Die anderen, die den Faschismus hassen, können aber dazu gezwungen oder verführt werden, Anhänger des faschistischen Lagers oder Stoßtrupps der Pigs zu werden, es sei denn, sie entscheiden sich unverzüglich, die Brüder und Schwestern zu unterstützen, die den Kampf um die Gründung einer Volksarmee aufgenommen haben, die das Heer der Pigs schlagen wird.

Macht die Pigs müde! Gönnt ihnen keine Ruhe! Leert die Gefängnisse und zwingt die Gerichte, unser Volk freizulassen. Laßt die Faschisten, die Pigs und die Galgenrichter wissen, daß sie es sind, die vom Volk bestraft werden. Macht den Feinden des Volkes das Leben zur Hölle! Für jeden faschistischen Übergriff muß das System doppelt und dreifach bezahlen.

Wir dürfen uns nicht schonen. Niemand kann in einem Land frei sein, das andere versklavt. Alle Macht dem Volk!

Kameraschwenk zurück zum Waschzuber. Der nackte Hans Böhm, nach Eingeborenen-Art an einen Stamm gefesselt, wird von der Military Police fortgetragen. Die deutschen Polizisten führen zwei Gefangene im Polizeigriff ab.
Günther – hinter dem Zelt – und der Denunziant bleiben auf der mit Leichen übersäten Wiese zurück. Lange Totale.

Autofriedhof

Eine schwere Limousine fährt vor, der Bischof und sein Berater steigen aus. Die amerikanischen Polizisten salutieren; der Bischof hebt den Arm zum Hitler-Gruß.
Ein aus Autowracks errichteter Scheiterhaufen, davor drei Holzkreuze mit den Gefangenen. Am mittleren Kreuz hängt Hans Böhm. Links kniet Margarethe und betet.
Der Bischof bekreuzigt sich vor Hans Böhm und betet: »In nomine patre et filius et spiritus sanctus ...«. Ein Meßdiener schwingt den Weihrauchkessel, ein Knabenchor singt. Der Bischof gibt dem Henker den Befehl, das Feuer zu entzünden. Die Flammen schlagen an den Kreuzen hoch. Der Bischof weicht zurück.
Zoom auf Hans Böhm: Er sackt zusammen, stirbt.
Die Kamera schwenkt auf Günther, der abseits in einem ausgeschlachteten VW-Bus sitzt. Er richtet die Pistole auf die beiden amerikanischen Polizisten und erschießt sie. Der Bischof segnet die Toten und bricht in Weinen aus.

Haus im Rohbau

Großaufnahme: Ein Mann liest mit ausländischem Akzent aus einer Zeitschrift vor. Nach einer Weile schwenkt die Kamera in den Raum: Eine Frau lehnt an der Wand, drei Männer sitzen am Tisch. Sie basteln Molotow-Cocktails; im Off wird die Anleitung dazu leise vorgelesen.

MANN Das Leben, wie es bisher abrollt, erscheint uns sinnlos, öd, zwecklos, leer und unmenschlich. Wir versuchen, auf irgendeine Art aufzubrechen und Gefühle des Glücks, der Zärtlichkeit, der Gemeinsamkeit zu erleben, die uns die bürgerliche Gesellschaft verweigert.
Die Aussicht, ein ganzes Leben unter diesen herrschenden Verhältnissen leben und arbeiten zu müssen, erscheint uns derart entsetzlich, daß wir uns abwenden, zum Alkohol oder Haschisch greifen und vor uns hindämmern, ohne uns um irgendetwas noch zu kümmern. Aber bald müssen wir entdecken, daß uns das System auch dabei nicht in Ruhe läßt. Die Bullen werden uns von

den Herrschenden auf den Hals gejagt. Und das Geldproblem. Diese pervertierte Gesellschaft hat es geschafft, alles so einzurichten, daß jeder gezwungen ist mitzumachen oder zu verrecken.

Ich kann jeden Tag die Opfer dieser Unterdrückung zählen und begreife durch deren Lebensgeschichte die Geschichte des Kapitalismus. Solange nicht die ökonomischen Verhältnisse verändert sind, solange ist ein menschliches Leben unmöglich.

Es gibt nur einen Ausweg aus dieser Situation, und der heißt soziale Weltrevolution, Welt-Bürgerkrieg. Wir müssen anstelle der Konkurrenz und des Individualismus unsere proletarische Solidarität setzen und unsere Bedürfnisse, die sich im Kampfe voll herausbilden werden, so befriedigen, daß wir Menschen werden, die ihre Geschichte in die Hand nehmen, um unsere eigene Geschichte zu machen. Anstelle der entfremdeten kapitalistischen Arbeit müssen wir und werden wir eine Arbeitsweise setzen, die auf der eigenen Befriedigung des Menschen beruht. Kurz, es geht darum, den Menschen des 21. Jahrhunderts zu schaffen, wie Eldrigde Cleaver sagt. Dies ist ein Vermächtnis für uns, und dieses Vermächtnis werden wir erfüllen, koste es, was es wolle.

Wir werden uns wehren. Wir werden Menschen sein, wir werden es sein oder die Welt wird dem Erdboden gleichgemacht bei unserem Versuch, besser zu leben.

Macht kaputt, was euch kaputt macht.

Zoom auf die Bombe.

Straßenkampf

Ein Guerilla-Trupp, unter ihnen Günther, stürmt mit Maschinengewehren und Handgranaten. Das Feuer wird erwidert. Scheiben klirren, Autos gehen in Flammen auf, Häuser brennen.
Immer mehr Tote und Verwundete bleiben auf der Straße liegen.
Nur Günther kämpft noch.

GÜNTHER Macht alles kaputt! *Er dreht sich, Maschinengewehr im Anschlag, im Kreis.*

Freies Feld

Antonio, der schwarze Mönch und Johanna gehen durch ein hoch-stehendes Kornfeld. Die Kamera folgt ihnen.

ERZÄHLER *off* Einer wollte mit anderen die Gewaltherrschaft direkt angreifen. Beim Sturm auf die Polizeikaserne in der Haupt-stadt kamen viele um. Er wußte noch nicht, daß man auf manche Art kämpfen kann.
Als er nach drei Jahren mit über achtzig anderen auf einem Boot wiederkam, fielen bei der Landung fast alle. Aber er und seine Genossen hatten aus ihren Fehlern gelernt. Sie gingen in die Berge.
Zwei Jahre später siegte die Revolution.

Abspann: Schwarze Schrift auf weißem Grund

mit michael könig
hanna schygulla   margit carstensen
michael gordon   günter kaufmann   kurt raab
franz maron   walter sedlmayr   karl scheidt
ausstattung   kurt raab
maske   sybille danzer
licht   honorat stangl
spezialeffekte   charly baumgartner

kamera   dietrich lohmann
musik   peer raben

ein film von
rainer werner fassbinder
und
michael fengler

eine
antiteater-produktion
der janus-film
und fernsehen

Der amerikanische Soldat

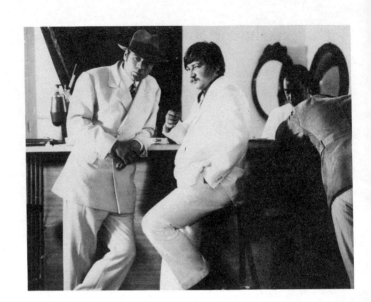

Schwarzfilm
Weiße Schrift auf schwarzem Grund: München

Im Quartier

Doc, Max und Jan sitzen am Küchentisch; im Vordergrund Rosa, die
sich die Fußnägel lackiert.
Die Männer spielen Poker, rauchen und trinken. Doc schaut ver-
träumt in die Karten. Max und Jan werfen sich abschätzende Blicke
zu.

Titel (auf Einzelbildern):

Elga Sorbas
Jan George
Hark Bohm
Marius Aicher
Margarethe von Trotta
Ulli Lommel
Katrin Schaake
Ingrid Caven
Eva Ingeborg Scholz
Kurt Raab
Irm Hermann
Gustl Datz
Kamera Dietrich Lohmann Herbert Paetzold
Licht Ekkehart Heinrich
Regieassistenz und Ausstattung Kurt Raab
Musik Peer Raben
Aufnahmeleitung Christian Hohoff
Maske Sybille Danzer
Schnitt Thea Eymèsz
Produktionsleitung Wilhelm Rabenbauer
Produktion antiteater
Song »So much tenderness« by Fassbinder/Raben, gesungen von
Günther Kaufmann

Schnitt auf Jan, der seine Zigarette ausdrückt.

JAN Fünftausend.

Er greift in die Innentasche des Jacketts, legt einen Stapel Scheine auf den Tisch.
Max blickt ihn gequält an und wischt sich den Schweiß von der Stirn. Er schaut in seine Karten: Auf ihnen sind Pornofotos abgebildet.

MAX *beißt sich auf die Lippen, lockert die Krawatte* Okay.

Rosa schaut auf: Blickkontakt mit Max. Der zählt Scheine ab, wirft sie auf den Tisch.

JAN Doc?!
DOC *betrachtet versunken die Karten* Die Frau ist schön.
JAN Welche?
DOC *verwirrt* Wie bitte?
JAN *off* Welche Frau?
DOC Ach ja.
JAN Ziehst du mit?

Rosa schaut ihn an, doch Doc blickt nicht von seinen Karten auf.

DOC *legt die Karten auf den Tisch* Ich steig aus.
JAN Okay. Max?
MAX Ich will sehn. *Er zieht sein Jackett aus: ein Schulterhalfter wird sichtbar.*
JAN Gut, gut, warts ab.

Er zeigt. Max schmeißt resigniert seine Karten hin.

MAX Scheiße.

Die Kamera zeigt in Großaufnahme einen Haufen 500- und 100-Mark-Scheine, dann Jans Hand, der das Geld einstreichen will. Max legt seine Hand drauf.

MAX Mit sowas machst du mich immer kaputt.
JAN Du kannsts ja sein lassen.

Max zieht seine Hand zurück und trinkt.
Rosa setzt sich zu den Männern an den Tisch. Jan sammelt das Geld
ein, Max nimmt die Karten auf und mischt. Doc betrachtet immer
noch verträumt seine Karten; Max nimmt sie ihm aus der Hand und
mischt sie unter den Stapel.
Rosa lehnt sich an Jan, küßt ihn.
Ein Wecker in Großaufnahme. Die Uhr zeigt halb zehn.

MAX *wischt sich den Schweiß von der Stirn* Ich kann nicht ertragen
   zu warten.
JAN Er wird kommen.

Großaufnahme: das Telefon.
Max ist fertig mit Mischen, Doc hebt ab.

ROSA *zu Jan* Ich möcht heim.
JAN Halts Maul.

Max teilt aus. Man nimmt auf und sortiert die Karten. Doc setzt die
Brille ab, hält die Karten dicht vor die Augen.

DOC Diese Frauen.

Großaufnahme: Pornobilder auf den Spielkarten.

JAN *aggressiv* Willst du spielen oder nicht.
DOC Doch.
JAN Also.
DOC *setzt seine Brille wieder auf* Gib mir zwei.

Er nimmt die Karten, betrachtet die Bilder.
Das Telefon klingelt. Jan steht auf und geht hin, zögert etwas und
hebt dann ab.

JAN *ins Telefon* Ja. – Ja. – Hm. Okay. Danke. *Er legt auf.*

Schnitt auf die Gruppe am Tisch, die Jan erwartungsvoll anschaut.

JAN Er ist da.

Straße, nachts

Ein großer Chevrolet kreuzt durch die nächtlichen Straßen. Am Steuer sitzt Ricky, neben ihm Irm. Musik: »So much tenderness«.

Titel (auf laufenden Bildern):

DER AMERIKANISCHE SOLDAT
mit Karl Scheydt

Beide sind betrunken. Irm rülpst und kichert.

RICKY *doziert mit ausgestrecktem Zeigefinger* Die Erde ist rund. *Irm kichert.* Nein, die Erde ist eine Kugel.

Titel (auf laufenden Bildern):

Ein Film von RAINER WERNER FASSBINDER

IRM *kichert* Gott. Bist du komisch.

Sie gibt ihm die Whiskyflasche. Er trinkt.

RICKY Außerdem bist du viel zu dünn.

Irm blickt einen Moment starr geradeaus. Dann faßt sie sich, streichelt Ricky im Nacken.

IRM Bist du ein richtiger Ami? Alle Amis ficken toll.
RICKY No. *Pause.* Am Anfang war Germany. *Irm nimmt einen Schluck aus der Flasche.* Es war einmal ein kleiner Junge, der flog über den großen Teich. Scheiße. Gib mal. *Er greift nach der Whiskyflasche.* Prost.
IRM *streichelt ihn* Macht nichts. Irgendwie bist du toll. *Zieht die Hand zurück* Und außerdem, wenn du ne Fette willst ... Fette gibts so viele. Ich bin eben schlank.
RICKY Halts Maul.
IRM Wiest meinst. *Sie trinkt.*
RICKY So, jetzt steig aus. Los, los!

162

IRM Wir wollten doch ins Hotel gehen. Schau mich doch an. Sei halt lieb.

Sie streichelt ihn. Ricky reagiert nicht, schaut geradeaus.

RICKY Hau ab.
IRM Gut. Dann gib mir Geld.

Ricky reagiert nicht. Das Auto hält an einer Ampel.

IRM Hundert Mark, dann steig ich sofort aus.

*Die Ampel springt auf Grün. Sie fahren schweigend weiter.
Schnitt. Der Chevrolet fährt auf einen großen, leeren Parkplatz.
Ricky wendet den Wagen, hält und steigt aus. Er öffnet die
Beifahrertür, zieht brutal Irm aus dem Auto und wirft sie zu Boden.
Er zieht einen Revolver, zielt auf Irm und schießt dreimal.*

IRM *hysterisch* Nein! Nein! Nein! Ich bin tot.
RICKY *lacht* Das warn doch nur Platzpatronen.

*Er setzt sich lachend ins Auto und fährt davon.
Irm steht auf, klopft ihr Kleid sauber und schaut ihm nach.*

Hotelhalle

Portier an der Rezeption.

PORTIER *telefoniert* Ich weiß Bescheid. Danke.

Er legt auf. Ricky tritt ein, geht zur Rezeption.

RICKY Für mich ist hier ein Zimmer bestellt.
PORTIER Wie ist der Name?
RICKY Richard Murphy.
PORTIER Ah ja. *Er zieht das Reservierungsbuch hervor, schaut
nach.* Richtig. Zimmer 36. Wie lange bleiben Sie?
RICKY Müssen Sie das wissen?

PORTIER Nein, natürlich nicht. *Er schlägt das Buch zu, nimmt den Schlüssel vom Bord und gibt ihn dem Hotelboy.* Zimmer 36.

Der Hotelboy will den Koffer nehmen, doch Ricky wehrt ab.

RICKY Den trag ich selber.

Ricky und der Hotelboy gehen zur Treppe. Kaum haben sie die Halle verlassen, greift der Portier zum Telefon.

PORTIER Er ist da. *Pause.* Gut.

Hotelzimmer

Der Hotelboy schließt auf, zeigt Ricky das Zimmer.
Ricky lehnt sich an die Wand und stöhnt. Er bemerkt, daß der Boy noch an der Tür steht und gibt ihm ein Trinkgeld.

HOTELBOY Danke sehr. *Er geht und schließt die Tür, wird aber von Ricky zurückgerufen.*
RICKY Eh!
HOTELBOY Ja bitte?
RICKY Bring mir ne Flasche Ballantine.
HOTELBOY Sehr wohl.

Der Boy geht. Ricky lehnt an der Wand, hält sich den Magen und stöhnt. Dann schaut er sich im Zimmer um, geht ins Bad. Man hört, wie er sich wäscht.
Ricky kommt aus dem Bad. Er zieht das Jackett aus, ein Schulter-halfter wird sichtbar.
Es klopft. Das Zimmermädchen bringt den Whisky.

RICKY Stells da hin!

Sie stellt das Tablett auf den Nachttisch, bleibt zögernd im Raum stehen. Ricky umarmt und küßt sie. Ricky löst sich von ihr, setzt sich aufs Bett und trinkt. Noch immer steht das Zimmermädchen mit geschlossenen Augen erwartungsvoll da.

164

RICKY Heh!

Das Zimmermädchen erwacht wie aus Trance und läuft davon.
Ricky streckt sich auf dem Bett aus und trinkt.

Kommissariat

Der Chef am Schreibtisch, im Rücken einen Stadtplan, vor sich Jan,
Doc und Max.

CHEF In dieser Sache muß endlich was passieren. Ist das klar?
JAN Logisch.

Ein Polizist in Uniform tritt ein, gibt dem Chef eine Akte.

CHEF Danke.

Der Polizist geht.

CHEF Habt ihr diesen Zigeuner untersucht, diesen El Quitano?
JAN Wir haben ihn überwachen lassen. Wir haben ihn verhört bis
   zum geht nicht mehr. Nichts, absolut nichts.
CHEF Bringt ihn hierher. Das wär doch gelacht.

Die Kamera schwenkt von Jan zu Max, zurück zu Jan und dann zu
Doc, schließlich wieder zu Jan, der schweigend zu Boden schaut.

CHEF Diese Magdalena...
JAN Fuller, Chef.
CHEF Genau. Diese Magdalena Fuller. War aus der nichts rauszu-
   holen?
DOC Die ist stumm wie ein Fisch. Einfach stumm.
CHEF Hm.
DOC *zuckt mit den Achseln* Tja.
CHEF Seltsam. Die ist doch sonst gesprächiger. Wie auch immer, es
   geht voran. Das ist ein Befehl. Ich hoffe, ihr habt mich verstanden.
   Ihr könnt jetzt gehen.

Sie stehen auf und gehen. Als Jan in der Tür steht, ruft ihn der Chef.

CHEF Jan!

JAN Ja?

CHEF Die Aufklärungsquote der Kapitalverbrechen in dieser Stadt ist weit unter Bundesdurchschnitt. Das Ansehen der Polizei dieser Stadt steht auf dem Spiel.

JAN Ich weiß, Chef.

CHEF Danke.

JAN Wiedersehn. *Er schließt die Tür.*

Schnitt: Flur des Kommissariats.

MÄDCHEN *schreit* Aber das Kind ist doch von dir!

POLIZIST Soll das ganze Haus es hören?

MÄDCHEN *hysterisch* Ich krieg ein Kind, ich krieg ein Kind, ich krieg ein Kind!

Der Polizist schlägt sie. Eine Polizistin, es ist Rosa, geht vorbei. Auf der Treppe begegnet sie Jan, Doc und Max.

JAN Jetzt wird es höchste Zeit. *Bemerkt Rosa, zu ihr.* Wo willstn hin?

ROSA Zum Chef.

JAN Da kommen wir grad her.

ROSA Wie wars?

JAN Er weiß nichts. *Faßt sie am Arm.* Verquatsch dich nicht.

Rosa geht weiter.

Hotelzimmer

Ricky liegt angezogen auf dem Bett. Er reckt sich und gähnt, steht auf. Er setzt den Hut auf. Zieht die Vorhänge zurück und öffnet das Fenster. Dann greift er zum Telefon.

RICKY Ein Steak mit Ketchup und ein Glas Tomatensaft. Danke.

Das leere Zimmer. Man hört Badezimmergeräusche, dann kommt Ricky wieder ins Zimmer und setzt sich in den Sessel. Es klopft.

RICKY Herein!

Das Zimmermädchen bringt das Essen. Sie füllt auf, bleibt erwartungsvoll stehen.

RICKY Komm schon.

Sie setzt sich auf seinen Schoß. Sie küssen sich.

RICKY Bring mir den Whisky.

Das Zimmermädchen holt die Flasche vom Nachttisch.

RICKY Hau ab.

Sie geht, dreht sich an der Tür um.

ZIMMERMÄDCHEN *streckt die Zunge raus* Bähh!

Ricky trinkt aus der Flasche. Er ißt.
Das Telefon klingelt. Nach dem zweiten Klingeln nimmt er ab.

RICKY Bitte? – Ja, natürlich. Ich merks mir. – Tony el Quitano. –
Das ist meine Sache. – Logisch. Es ist immer eilig. – Danke.

Er legt auf. Wartet einen Moment, greift wieder zum Telefon und wählt.

RICKY Hallo? Ich möchte eine Münchner Nummer. Teilnehmer
heißt Franz Walsch. Walsch. – W wie war, a wie Alamo, l wie
Lenin, s wie science fiction, c wie crime, h wie hell. Danke, ich
warte.

Er legt auf. Steht auf und zieht das Jackett an. Das Telefon klingelt.

RICKY Wer ist da? – Servus, Franz. Hier ist Richard von Rezzori.
Du, ich bin heute nacht angekommen. – Natürlich, ich hol dich ab.
Bis gleich. *Kauend verläßt er das Zimmer.*

Straße, Tag

*Ricky und Franz sitzen im Chevrolet. Die Sonne scheint, das
Verdeck ist zurückgeschlagen. Franz raucht, Ricky trinkt Bier.*

FRANZ Wo fährst du hin?
RICKY In unsre Gegend.
FRANZ Wie wars in Vietnam?
RICKY Laut.
FRANZ Ah ja. *Pause.* Hier ist nix passiert.
RICKY In Deutschland passiert nie was. *Er wirft die Bierdose aus
dem Auto auf die Straße.* Ich mag Old Germany ganz gern.
Trotzdem.

*Der Wagen hält vor einem Mietshaus im Halteverbot. Franz und
Ricky steigen aus.*
*Ricky wirft Franz eine Bierdose zu. Sie gehen am Haus vorbei in den
Hinterhof. Im Gehen öffnen sie die Dosen, das Bier spritzt.*
*Die Kamera schwenkt über den Hinterhof. Franz und Ricky bleiben
in der Mitte stehen, lehnen sich an die Teppichstange.*

RICKY Hier hat sich nichts verändert. Tja.
FRANZ So siehts aus. – Weißt du, die meisten sind gestorben von
hier. Ziemlich ungesund die Gegend.
RICKY Wenn man sich das so vorstellt. Hier hab ich vierzehn Jahre
gewohnt.

*Eine Tür öffnet sich. Eine alte Frau, Mülleimer in der Hand, kommt
über den Hof. Sie geht auf Ricky und Franz zu.*

FRAU Ich habs mir doch gleich gedacht, der Herr von Rezzori. *Sie
gibt ihm die Hand.*
RICKY Grüß Gott!
FRAU ...und der Herr Walsch. *Gibt ihm die Hand.*
FRANZ Grüß Gott!
FRAU Wieder zurück aus Amerika?
RICKY Nein, ich bin bloß auf Besuch.
FRAU Dann grüßen Sie mir Ihre Frau Mutter. Und kommen Sie
recht bald wieder.

RICKY Mach ich, Frau Lang. Bestimmt.
FRAU *gibt beiden die Hand* Auf Wiedersehn.
FRANZ Wiedersehn.

Sie geht zur Mülltonne. Ricky und Franz verlassen den Hinterhof.
Die Frau schaut ihnen nach. Auf der Mauer ein Schild: »Bitte
Aschentonnenplatz sauber halten«.
Ricky und Franz setzen sich wieder ins Auto.

RICKY Schon seltsam.

Franz raucht und schweigt. Sie fahren zurück.

RICKY Ich brauch jemand, der über alles Bescheid weiß, über
    Geschäfte und so. Und wer wo zu finden ist.
FRANZ Da gibts nur eine, die heißt Magdalena.
RICKY Okay. Wo find ich die?
FRANZ Du, die sitzt immer in derselben Kneipe und verkauft
    Pornos. Lola Montez. Da singt auch die Inga.
RICKY Welche Inga?
FRANZ Deine Inga.

Sie fahren schweigend weiter. Nach einer Weile hält Ricky vor dem
Bahnhof.

FRANZ Wo wohnst du?
RICKY Im blauen Haus.
FRANZ Wenn was ist, dann ...
RICKY Okay, ich weiß schon.

Franz steigt aus, der Wagen fährt aus dem Bild.

Lola Montez

Inga singt, begleitet von Klavier und Klarinette: »I was sitting at the river«.
Ricky tritt ein. Blickwechsel mit Inga. Dann geht er zur Bar.

RICKY Ein Ballantine pur. Ohne Eis.

Der Barkeeper schenkt ein, stellt ihm das Glas hin. Ricky trinkt es in einem Zug aus.

RICKY Ich möchte Pornos kaufen.
BARKEEPER *weist mit dem Kopf auf Magdalena* Da.
RICKY Thanks, Sir.

Magdalena schläft an einem Tisch ihren Rausch aus. Ricky geht zu ihr, schüttelt sie wach.

RICKY Darf ich mich setzen?
MAGDALENA Schöner fremder Mann, ja.
RICKY Ich brauche ein paar Auskünfte.
MAGDALENA Ich hab ein paar Heftchen.
RICKY Keine Angst, ich zahle gut.
MAGDALENA Fünfhundert.

Ricky gibt ihr das Geld, Magdalena steckt es ein. Die Szene wird von Inga beobachtet, die sich an die Bar setzt.

RICKY Du, ich such einen Zigeuner, Tony el Quitano.
MAGDALENA Zigeunersiedlung eins. Sitzt dort fast immer in der Kneipe. Da gibts nur eine.
RICKY Angewohnheiten?
MAGDALENA Liest Leuten aus der Hand, säuft, ist schwul, hält sich zwei Gorillas.
RICKY Das reicht.

Er steht auf, klopft Magdalena auf die Schulter und geht zu Inga an die Bar. Sie schauen sich lange an.
Zoom auf den Barkeeper.

RICKY Was machst du so?
INGA Ich singe und . . .
RICKY Und?
INGA Ich bin verheiratet.
RICKY Aha.
INGA Mit ihm. *Sie streicht dem Barkeeper über die Hand.* Wir sind
sehr glücklich.
RICKY Okay. Tschau. *Er geht zur Tür.*
INGA Ricky!

Ricky bleibt in der Tür stehen, zögert einen Moment und geht.

BARKEEPER Wer war das?
INGA Das verstehst du nicht.

Zigeunersiedlung

*Tony, seine beiden Gorillas und Ricky sitzen in der Kneipe und
trinken.*

RICKY Ihr seid doch Zigeuner. Ihr könnt doch alle aus der Hand
lesen.
MAMY Früher mal. Heute kanns kaum noch einer. Er kann, der
Tony.
RICKY Ja?

Tony nimmt eine Zigarette, läßt sich von Ricky Feuer geben.

TONY Zeig mal her.

Er nimmt Rickys Hand, betrachtet die Linien. Er schüttelt den Kopf.

RICKY Was is?
TONY Sehr schlecht.
RICKY Was?
TONY Komm, ich sags dir.

Sie stecken die Köpfe zusammen.

TONY *flüstert ihm ins Ohr* Ich wohne hier direkt drüber, ja?
RICKY *lehnt sich zurück* Man muß ja nicht immer an so was glauben.

Ricky steht auf und geht zur Toilette. Einer der beiden Gorillas, offenbar völlig betrunken, schlägt mit dem Kopf auf den Tisch und stößt das Bierglas um.

MAMY Was war denn?
TONY Er wird bald sterben. – Ich geh jetzt. Ich bleib heut allein. Ihr könnt hier bleiben.
MAMY Ich denke, du zahlst uns für deinen Schutz.
TONY Heute passiert mir nix.
MAMY Okay. *Tony steht auf.* Gut Nacht.
TONY Gut Nacht. *Er geht.*

Ricky kommt aus der Toilette, setzt sich zu den Zigeunern.

RICKY Noch ne Runde.

Tonys Wohnung

Tony sitzt auf dem Bett, streicht die Überdecke glatt und ordnet die Kissen. Er trinkt.
Es klopft. Tony geht zur Tür.

TONY Wer ist da?
RICKY *off* Ich bins.

TONY *schließt auf, öffnet die Tür* Komm rein.

Ricky tritt ein, bleibt mit Hut und Mantel im Zimmer stehen. Tony kniet sich aufs Bett, betrachtet sich und seinen Gast im Spiegel. Er knöpft sein Hemd auf, zieht es langsam aus. Betrachtet sich selbstverliebt im Spiegel. Er knöpft die Hose auf – und bemerkt erst jetzt die Pistole in Rickys Hand. Erschrocken dreht er sich um, schüttelt ungläubig den Kopf. Ein Schuß. Tony sackt zusammen. Im Spiegel ist jetzt nur noch Ricky zu sehen, der die Pistole einsteckt und geht.

Hotel

Ricky in seinem Zimmer. Er telefoniert.

RICKY Schicken Sie mir eine Frau. Okay? Aber eine von der besseren Sorte.

Rezeption in der Hotelhalle.

PORTIER *ins Telefon* Was? Am hellichten Tag? *Er deckt den Hörer mit der Hand ab, zum Hotelboy.* Er will ne Nutte. *Wieder ins Telefon.* Natürlich. Selbstverständlich.

Ricky hat aufgelegt. Der Portier wählt eine Nummer.

Im Quartier

Ein Comic-Strip in Großaufnahme: Tarzan liest einen Brief. Rosa, im Morgenmantel, liegt auf dem Sofa, das Comic-Heft vor sich. Im Hintergrund am Tisch Jan und Doc, die spielen. Das Telefon klingelt.

ROSA Tirili, tirila.
JAN Halts Maul.

Das Telefon klingelt.

JAN Nimm ab.

Jan steht auf. Das Telefon klingelt wieder. Rosa tastet, ohne vom Comic-Heft aufzublicken, mit der Hand in der Luft herum.

JAN Heb jetzt endlich ab!

Das Telefon klingelt noch einmal, dann nimmt Rosa ab.

ROSA *ins Telefon* Hallo? – Moment. *Sie reicht den Hörer Jan.* Für dich.

JAN Wer?
ROSA Murnau.

Er greift zum Hörer. Rosa liest weiter in dem Comic-Heft.

JAN *ins Telefon* Hallo? Murnau? – Ne Frau. Ahja. *Er deckt den Hörer ab, zu den anderen.* Der Killer will ne Frau. *Wieder ins Telefon.* Okay. Schick ihm eine. Tschüß. Hm, wart mal.

Die Kamera schwenkt auf Rosa.

JAN *off* Ich schick dir die Rosa.

Rosa blickt entsetzt auf. Doc steht auf, zieht die Manschettenkragen gerade.

JAN *ins Telefon* In ner halben Stunde.

Er legt auf. Rosa schüttelt den Kopf. Am Kragen des Morgenmantels zieht Jan sie vom Sofa.

ROSA Was soll ich denn überhaupt?
JAN Der Killer will ne Frau, kapiert? Is besser, du gehst hin, als wenn er bei ner andern quatscht.

Doc geht zum Schrank, holt ein kurzes Kleid heraus. Rosa dreht sich um. Sie steht zwischen den beiden Männern.

ROSA *zu Jan* Ich hab dich doch lieb.
JAN Eben drum.

Sie zieht den Morgenmantel aus und das Kleid an, wobei Doc ihr behilflich ist.

JAN Beeil dich halt.

Sie schaut ihn an, greift zur Handtasche und holt aus dem Samowar auf dem Fensterbrett eine Pistole. Sie schaut zu Jan, der blickt zu Doc. Unmerklich schüttelt Doc den Kopf.

JAN Laß sie da.

Sie nimmt die Pistole wieder aus der Handtasche, wirft sie Jan zu und verläßt das Zimmer.

Hotelzimmer

Ricky liegt nackt auf dem Bett. Es klopft.

RICKY Herein.

Rosa tritt ein und schließt die Tür. Sie bleibt an der Tür stehen. Ricky, der mit abgewandtem Kopf auf dem Bett liegt, dreht sich nicht um.

RICKY Zieh dich aus.

Rosa knöpft das Kleid auf, zieht es über den Kopf und läßt es zu Boden fallen. Dann zieht sie das Höschen aus.
Verlegen steht sie im Raum, Busen und Scham mit den Händen bedeckt.
Langsam dreht Ricky den Kopf zu ihr. Er mustert sie, grinst und fängt an zu lachen. Rosa lacht ebenfalls.

RICKY Geh ins Bad.

Rosa verschwindet im Badezimmer.
Ohne anzuklopfen reißt das Zimmermädchen die Tür auf. Mit dem Fuß schleudert sie wütend Rosas Kleid zur Seite und schaut auf den nackten Ricky. Er wendet sich ab.
Rosa kommt aus dem Badezimmer, legt sich zu Ricky ins Bett. Sie umarmen und küssen sich. Das Zimmermädchen setzt sich traurig auf die Bettkante. Im Hintergrund lieben sich Rosa und Ricky.

ZIMMERMÄDCHEN Das Glück ist nicht immer lustig. In Hamburg gabs ne Putzfrau, die hieß Emmi und war schon so 60 oder 65, und eines Tages fings auf ihrem Heimweg unheimlich zu regnen an, und da geht sie in ne Kneipe, und das is so ne Gastarbeiterkneipe, und sie setzt sich hin und trinkt ne Cola. Und plötzlich fordert sie einer auf, mit ihr zu tanzen. Und der ist unheimlich groß und hat wahnsinnig breite Schultern. Und sie findet ihn schön und tanzt halt mit ihm. Und dann setzt er sich zu ihr und redet mit ihr. Und er sagt, daß er keine Wohnung hat, und da bietet ihm Emmi an, daß er mit zu ihr kommt.

Ja, und zu Hause dann, da hat er mit ihr geschlafen undn paar Tage später hat er gesagt, sie solln heiraten. Und da ham sie halt geheiratet.

Und plötzlich wurde Emmi ganz jung, von hinten sah sie aus wie 30 oder so, und ein halbes Jahr ham die gelebt wie wahnsinnig und warn unheimlich glücklich. Ham immer Feste gefeiert und so. Und eines Tages war die Emmi tot, ermordet. Und an ihrem Hals, da warn so Abdrücke von einem Siegelring.

Die Polizei hat ihren Mann verhaftet. Der hieß Ali, und auf dem Ring war ein A. Aber er hat gesagt, er hat noch viele Freunde, die heißen Ali und alle haben einen Siegelring. Da ham sie alle Türken verhört in Hamburg, die Ali heißen. Aber viele warn wieder zurück in der Türkei, und die andern ham nichts verstanden.

Das Telefon klingelt. Das Zimmermädchen bringt den Apparat Ricky ans Bett. Er hebt ab, das Zimmermädchen geht.

RICKY *ins Telefon* Ja. – Magdalena Fuller. Und was ist mit dem Geld?

Im Quartier

JAN *ins Telefon* Sie erhalten noch den dritten Auftrag. 25 000 Dollar. Wie abgemacht. *Er legt auf.*

Max läuft nervös durchs Zimmer. Doc schaut auf den Boden.

MAX Das läuft alles schief.
JAN Was denn?
MAX Das kann doch nicht gut gehn, da ist doch jetzt schon der Wurm drin.

JAN Reiß dich zusammen.

MAX *erregt* Ich halt die Spannung nicht mehr aus!

Er schmeißt eine volle Bierflasche an die Wand.
Jan steht auf, packt Max am Kragen.

JAN Reiß dich jetzt zusammen. Ich laß mir von dir nicht alles kaputtmachen.

Im Hotel

Rickys Zimmer. Er kommt aus dem Bad. An der Tür steht Rosa.

RICKY Wolln wir morgen essen gehn?

Rosa schaut ihn an. Ricky öffnet die Tür.

RICKY Komm.

Sie gehen hinaus auf den Flur.

RICKY Wart mal.

Ricky geht zurück, holt die Whiskyflasche aus dem Zimmer. Im Flur steht das Zimmermädchen und telefoniert.

ZIMMERMÄDCHEN *erregt* Pierre, nein, ich will dir doch dienen, ich tu ja alles, was du willst, ich küß dir auch deine Füße, alles, alles... *Sie schluchzt.*

Rosa und Ricky, die das mit angehört haben, bleiben stehen.

ZIMMERMÄDCHEN Pierre, ich bring mich um. – Nein, du darfst mich nicht verlassen, Pierre. Pierre, ich hab dir doch alles gegeben. Pierre, ich bin doch deine Sklavin, Pierre.

Pierre hat offenbar aufgelegt. Das Zimmermädchen verfällt in einen hysterischen Weinkrampf.

177

ZIMMERMÄDCHEN Du Schwein, du Schwein... Pierre, ich hab dich so geliebt.

Sie stößt sich einen Dolch in den Bauch, schreit auf.
Vorsichtig führt Ricky Rosa an dem Zimmermädchen vorbei. Sie gehen die Treppe runter, schauen zurück: Schreiend bricht das Zimmermädchen über dem Geländer zusammen. Ricky und Rosa gehen weiter.

ROSA Du bist schön.
RICKY Ja? – Ich hol dich morgen ab.
ROSA Nein. Ich komm ins »Bologna«.
RICKY Okay.

Straße, nachts

Ein Taxi fährt vor. Magdalena und ihr Begleiter, der Pianist aus dem »Lola Montez«, steigen aus, zahlen. Sie sind betrunken. Eng umschlungen, eine Melodie summend, torkeln sie zum Haus. Im Hinterhof beobachtet sie ein Mann. Sein Blick wandert das schäbige Mietshaus entlang.

Magdalenas Wohnung

Magdalena schließt die Wohnungstür auf und knipst das Licht an. Sie bleiben an der Tür stehen, umarmen und küssen sich.
Langsam entdeckt Magdalena, daß sie nicht allein sind: Am Küchentisch sitzt Ricky, die Whiskyflasche in Reichweite.

MAGDALENA *kichert* Grüß Gott. Wer isn das?

Während Ricky die Pistole zieht, hört man aus dem Off, wie Magdalena und der Pianist sich küssen und lachen.
Ricky nimmt einen langen Schluck aus der Whiskyflasche, beobachtet dabei mit starrem Blick seine Opfer. Der Pianist grinst ihn freundlich an. Ricky schießt, Magdalena sackt in den Händen des Pianisten zusammen. Der Pianist lacht.

178

Ricky schießt zum zweitenmal. Die Leiche gleitet dem Pianisten aus den Händen. Ricky erschießt den Pianisten.
Er steht auf, schiebt, um die Tür öffnen zu können, mit dem Fuß Magdalenas Leiche beiseite und verläßt das Zimmer.

Außen, Tag

Ricky geht durch eine Parkanlage. Er betritt eine Telefonzelle.

RICKY Mama, ich bin in Deutschland. – Doch, okay. – Bin hier um die Ecke. Ich komme jetzt.

Villa

Ein durch schwere Vorhänge abgedunkelter Raum, Gemälde an den Wänden, ein angestrahltes Marienbild. Ein Flipperautomat dominiert das Zimmer.
Während sie telefoniert, spielt die Mutter mit einer Hand Klavier.

MUTTER *ins Telefon* Ja. – Ja, natürlich. Komm doch vorbei.

Ohne das Klavierspiel zu unterbrechen, legt sie auf und ruft in den Raum:

MUTTER Ricky ist hier.

Schnitt auf Kurt, der auf der Treppe steht. An der Wand ein großes Poster von Clark Gable (aus dem Film »Vom Winde verweht«).

KURT Warum denn, Mama?

Mutter zuckt mit den Achseln.
Kurt kommt die Treppe runter. Er nimmt ein Glas, das auf dem Flipper stand, und trinkt es aus. Plötzlich, mit vor Zorn verzerrtem Gesicht, zerbricht er das Glas in der Hand.
Die Mutter steht auf, nimmt ein Taschentuch und wischt vorsichtig die Glasscherben von Kurts Hand.

MUTTER Du hast dich geschnitten. Du mußt endlich mal erwach-
  sen werden.
KURT Du hältst doch zu mir, Mama?

*Es klingelt. Die Mutter geht zur Tür, Kurt setzt sich schnell vors
Klavier.*
*Die Mutter öffnet, Ricky steht vor der Tür. Sie sehen sich schweigend
an. Ricky will ihr einen Kuß geben, doch die Mutter scheut zurück
und weist mit dem Kopf ins Zimmer.*
Schnitt auf Kurt, der mit gesenktem Kopf dasitzt.

RICKY *schaut sich um* Es ist schön hier. Hat dein Mann Geld?
KURT *steht auf* Ricky!
RICKY *wendet sich ihm zu* Kurt!
KURT *tastet mit der blutenden Hand über Rickys Gesicht* Richard!

*Angeekelt wischt Ricky mit dem Handrücken das Gesicht ab, schaut
die Mutter an.*

MUTTER Setz dich doch.

*Ricky und Kurt setzen sich. Mutter holt eine Whiskyflasche aus der
Anrichte, trinkt aus der Flasche.*

MUTTER Bist du gesund aus dem Krieg gekommen?
RICKY *nimmt einen Schluck aus der Flasche* Es geht, Mama.
MUTTER Mein Sohn.
KURT *zu Ricky* Mach ein Spiel mit mir.

Er steht auf, geht zum Flipper.

KURT *zur Mutter, aggressiv* Gib mir Geld!
RICKY *zur Mutter* Laß nur!

*Er holt Geld aus der Tasche, steckt es in den Flipper. Kurt beginnt zu
spielen.*

MUTTER Was machst du in Deutschland?
RICKY Geschäfte, Mama.

Sie nimmt ihm die Flasche aus der Hand, trinkt.

MUTTER Wie gehts deinem Vater? – Sag schon.
RICKY Ich hab ihn lange nicht gesehn.

Kurts Spiel ist zu Ende. Er geht zur Mutter, umfaßt ihre Schultern.

MUTTER Nein?
RICKY *am Flipper* Nein. Mein Vater, der lebt in einer anderen
   Welt. Seine Freunde, weißt du, die sind alle... Das war nix für
   mich.

Kurt und Mutter schauen sich an.
Rickys Spiel ist zu Ende.

RICKY Ich geh jetzt wieder.

Sie bringt ihn zur Tür.

RICKY Tschau, Mama.

*Er geht. Kurt setzt sich ans Klavier, legt den Kopf auf die Tasten –
eine schrille Dissonanz – und schluchzt.*
Mutter geht zu ihm, tröstet ihn. Er legt den Kopf auf ihren Schoß.

KURT *weint* Oh Mama, Mama, ich lieb ihn immer noch.

Sie streichelt ihn. Greift dann zum Telefon und wählt.

MUTTER Ist dort Bohm? Marquard Bohm? – Bitte überwachen Sie
   meinen Sohn. Sein Name ist Richard von Rezzori.

Kurt schluchzt.

Kommissariat

Der Chef wäscht sich die Hände. Jan und Doc stehen daneben.

CHEF Zwei Morde. In einer Sache und an einem Tag. Da ist was faul. Die Fuller hat sich heute bei mir angesagt. Sie wollte seltsamerweise ausdrücklich nur mich sprechen. *Er trocknet sich die Hände ab.*
JAN Chef, die Frau hat für Geld Auskünfte verkauft. Wahrscheinlich dachte sie, der Chef könnte...
CHEF *unterbricht ihn* Ich habe einen Sonderkommissar ernannt. Ich nehme euch hiermit den Fall ausdrücklich aus der Hand. – Danke, ihr könnt gehn.

Doc öffnet bereits die Tür.

JAN Chef, ich habe eine heiße Spur. Gerade jetzt, wo wir gehn solln.
CHEF Gut, unter uns, macht weiter. Aber ich habe auch eine Verantwortung nach außen. Sie verstehn.
JAN Ja, Chef. Danke.

Sie gehen. Der Chef stützt sich nachdenklich auf einen Karteischrank.

Am Fluß

Ricky und Rosa gehen am Flußufer entlang.

RICKY Da gabs einen Elefanten, in Belgien war das, den mochten alle sehr, Kinder und so, aber der wurde immer stiller, und eines Tages, da geht der auf seinen Wärter los, trampelt ihn tot und rammt das ganze Elefantenhaus um. Der ist sogar durch eine Eisentür und hat unheimlich geschrien. Da ist die Polizei gekommen und die Feuerwehr und die ham ihn erschossen. Der Arzt hat dann gesagt, er war halt einsam, der Elefant. Kommst mit nach Japan?
ROSA Ja.

RICKY Japan ist schön. – Du, wir treffen uns am Freitag im Bahnhof, ja?
ROSA Ja.

Rosas Wohnung

Rosa packt die Koffer. Es schellt an der Tür, sie öffnet. Jan kommt herein. Er schaut verwundert, tritt gegen den Koffer.

JAN Was soll das?
ROSA Ich geh weg von dir.
JAN Warum?
ROSA Ich mag ihn.
JAN *erstaunt* Den Killer?
ROSA Der ist lieb.

Er gibt ihr eine Ohrfeige und will sie küssen, doch sie wehrt sich. Brutal schmeißt er sie zu Boden, rückt den Hut zurecht und steigt über sie hinweg.

JAN *in der Tür* Okay. Wie du meinst.

Er geht. Rosa liegt weinend auf dem Boden, die Hand zur Faust geballt, den Kopf auf dem Koffer.

Telefonzelle

JAN *telefoniert* Gib mir den Killer.

Hotelzimmer

Ricky liegt angezogen auf dem Bett. Am Geländer hängt ein Expander. Das Telefon klingelt, Ricky nimmt ab.

RICKY Ja. – Natürlich. – Rosa von Praunheim. Arabellahaus. Apartment zwosechsundzwanzig. – Was ist mit dem Geld? – Ja.

Schlüssel liegt im Tabakgeschäft. – Okay. Thanks, Sir. Bis zum nächsten Mal.

Er legt auf.

Rosas Wohnung

Ricky geht durch den Flur des Arabellahauses. Er klingelt an einer Tür, Rosa öffnet. Sie ist überrascht.

ROSA Ricky! Wie hast du meine Adresse rausgekriegt?
RICKY Laß mich erstmal rein.

Er tritt ein.

ROSA Ich dachte, wir treffen uns am Bahnhof.

Er setzt sich in den Sessel, nimmt einen Schluck aus der Whiskyflasche.

RICKY Ist das deine Wohnung?
ROSA Ja.
RICKY Bist du – Rosa von Praunheim?
ROSA Ja.

Sie setzt sich zu ihm.

ROSA Ricky!
RICKY Glaubst du wirklich, ich wäre zum Bahnhof gekommen?

Sie steht auf, wandert beunruhigt durchs Zimmer.

RICKY Weißt du, für meinen Job gibt es keine Gewerkschaft. Wenn mich einer anschmiert, bin ich am Arsch.

Er trinkt aus der Flasche, steht auf, umarmt und küßt sie.
Während der Umarmung greift er ins Jackett, zieht die Pistole und schießt ihr in den Bauch.

No more a laughing in my heart
with my desire so hard
no feeling for the time
the chance for me is only crime

So much tenderness is in my head
so much loneliness is in my bed
so much tenderness over the world

Warnung vor einer heiligen Nutte

Vorspann: Motto und Titel schwarze Schrift auf grünem Grund

Hochmut kommt vor dem Fall

Lou Castel   Marquard Bohm
Eddie Constantine   in

WARNUNG VOR EINER HEILIGEN NUTTE

mit Hanna Schygulla   Hannes Fuchs
Rainer Werner Fassbinder Marcella Michelangeli
Margarete von Trotta

Karl Scheydt   Monika Teuber
Ulli Lommel   Benjamin Lev
Kurt Raab   Gianni di Luigi
Herb Andress

Werner Schröter   Enzo Monteduro
Magdalena Montezuma Mario Novelli
Rudolf Waldemar Brem Tanja Constantine
Thomas Schieder   Katrin Schaake

Achmed Em Bark   Tony Bianchi
Michael Fengler   Renato di Laudadio
Harry Bär   Gianni Javarone
Burghard Schlicht   Peter Gauhe
Dirk Randall   Marcello Zucche
Peter Berling

Regie-Assistenz Harry Bär
Script Katrin Schaake
Kamera-Assistenz Karl Huber
Material-Assistenz Aldo Marchiori

Maske
Sybille Danzer   Maria Mastrocinque

Aufnahmeleitung Christian Hohoff

Kasse Michael Fengler

Beleuchtung
Marcello Zucche   Renato di Laudadio
Aldo Panzironi   Enrico Simeone

Herstellungsleitung Peter Berling
Delegate Ralph Zucker

Ausstattung Kurt Raab
Schnitt Franz Walsch und Thea Eymèsz

Musik
Peer Raben   Gaetano Donizetti

Elvis Presley   Ray Charles
Leonhard Cohen   Spooky Tooth

Kamera Michael Ballhaus

Eine Produktion des antiteater München und der Nova International Roma

Ein Film von Rainer Werner Fassbinder

Vor weißem Hintergrund

DEITERS Dann gibts da noch die Geschichte von dem Gangster
Winz-Willi. Die fängt damit an, daß der Goofy Kinderschwester
werden will und sich dazu den Fummel von seiner Tante Anna
besorgt – und zwar ein rot-weiß kariertes Kattunkleid mit nem
großen Hut – und versucht, als Kindergärtnerin anzufangen.
Was natürlich nicht klappt, weil die Kinder alle sagen, solche
komische Tante ham sie noch nie gesehen. Na jedenfalls, als er
von den Kindern zusammengeschlagen wird, wirft er verzweifelt
den ganzen Fummel in die Mülltonne, und in dem Moment
kommt ein entsprungener Zuchthäusler vorbei. Das ist der
Gangster Winz-Willi, der ist nur so groß wie ein dreijähriges
Mädchen. Und der findet in der Mülltonne den abgelegten
Fummel von Goofy, zieht den an, und auf dem Rückweg nach
Hause trifft den Goofy den Winz-Willi im Fummel seiner Tante
und nimmt das kleine Mädchen mit nach Hause, weil er denkt,
son armes Ding, das hat kein Zuhaus und so, das wird irgendwie
unterkommen bei ihm. Und führts nach Hause und tischt Fasan
auf und Rebhühner und ne ganze Gans, und der Winz-Willi also
haut mit vollen Händen rein. Und darüber ist der Goofy schon
sehr erstaunt, was das kleine Mädchen fürn Appetit hat, aber
freut sich und heimlich ermunterts immer, und er klopft auf den
Tisch mit Fäusten und Händen. Der Winz-Willi benimmt sich
unmöglich, aber Goofy hat nun endlich sein ersehntes Kinder-
glück. Und im Lauf der Nacht wird das Haus von Gangstern
umstellt - äh, nicht von Gangstern, von der Polizei umstellt. Die
stürmen ins Haus rein, finden den Winz-Willi da und erkennen
den sofort im Fummel, und der Goofy ist ganz erstaunt und sagt:
Was wollt ihr von dem armen kleinen Mädchen, das ist ja
schrecklich. Was hat denn das arme Ding getan, son elternloses
Kind? Und da wird er von der Polizei aufgeklärt, daß das eben
der gesuchte Schwerverbrecher Winz-Willi ist. Und da sagt er
zum Schluß, als der Winz-Willi tobend wie so ne Art Granate aus
dem Haus geschafft wird, sagt der Goofy: Ach ja, das muß ja ein
schöner Schock für das arme kleine Mädchen gewesen sein, als es
gemerkt hat, daß es ein Einbrecher ist!

Hotelhalle

Babs und Billie sitzen zusammen. Musik: »I've Got Enough Heartache« von Spooky Tooth.

BABS *beugt sich zu Billie* Siehst du, wie der Feuer gibt?

Blick aus ihrer Sicht: Ricky gibt Mark Feuer, hält dabei dessen Hand und lächelt ihn an.

BILLIE Trotzdem. Ich find den toll.

Telefonzelle in der Halle. Sascha telefoniert, Manfred wartet vor der Zelle.

SASCHA Es wird doch wohl möglich sein, eine Nummer in Stuttgart zu kriegen, ich bitte Sie! – Ja, ich warte. *Er knallt den Hörer auf die Gabel.*

Fred steht an der Bar. Er trinkt, dreht sich um.

FRED David!

David sitzt bei Jesus und diskutiert.

DAVID *zu Fred* Ich hab jetzt keine Zeit.

Fred geht zum Haustelefon an der Rezeption.

FRED *zum Portier* Zimmer 23. *Schreit.* Camera veintitres! Por favor!
PORTIER *verbindet, gibt ihm den Hörer* Habla!
FRED Hanna! Hier ist Fred. *Weinend legt er den Hörer auf.*

Babs und Billie.

BABS Das ist doch alles dieselbe Clique.
BILLIE Hm?
BABS Die Hanna, der Ricky, David, Fred, die mit den Löckchen
  da...

194

Irma und Deiters sitzen auf dem Sofa. Sie küssen sich.

DEITERS Du mußt dir die Zähne putzen.
IRMA *wehrt ihn ab* Faß mich nicht an!
BABS ... und Kosinski. Die sind so was wie ne Kommune.
BILLIE Was isn das? Ne Kommune?
BABS Du, die leben halt zusammen und so.

*Katrin kommt herein. Fred geht zurück an die Bar, legt seinen Kopf
auf die Theke.*
Sascha hat mittlerweile Stuttgart am Apparat.

SASCHA *telefoniert* Wir fangen morgen an zu drehen, Herr Meister. – Ja, gibts denn überhaupt keine Chance ... Aber nein, der
Scheck wird doch von München aus ... – Also, ich rufe dann
später nochmal an, ja? *Er legt auf.* Zum Kotzen.

Sascha geht an Ricky und Mark vorbei.

MARK Maybe one day you come to Rome. In Italy there are
chances for you. Yeah.

Sascha und Manfred stehen an der Theke. Fred weint immer noch.

SASCHA Der ist auch so ne verdrängte Tunte!
MANFRED Wer?
SASCHA Unser Coach.

Ricky und Mark aus Saschas Sicht.

RICKY You mean?
MARK I'm sure. I think it will be the best way for you.

David und Jesus.

DAVID When you change the hearts of the people, yes? Then you
have a possibility for a really changing. You understand? *Jesus nickt.*

Korbinian kommt, geht zur Bar.

KORBINIAN Ich hab jetzt die Weckliste gemacht.

SASCHA Sie sind ja wirklich ein dummes Schwein. Wir haben noch nicht einmal Material, und Sie machen eine Weckliste, Sie Sack!

KORBINIAN Deswegen brauchen Sie mich noch lange nicht anzuschreien.

SASCHA Also, Sie schreie ich an, so lange ich will.

KORBINIAN *zum Barkeeper* Cuba libre.

SASCHA Wo bleibt denn Mandig?

Ricky gibt Mark wie vorhin Feuer.

RICKY I love my wife.

MARK I hope so.

RICKY You can believe.

Irma und Deiters auf dem Sofa. Musik: »Suzanne« von Leonhard Cohen.

DEITERS Du mußt auf den Übertrip warten, weißt du. Dann kommt ein großer Friede über dich. Als ich von so einem Übertrip zurückkam, da wußte ich, wie es im Mutterbauch aussieht.

IRMA Weißt du, wann Jeff zurückkommt?

DEITERS Forget him, Baby.

SASCHA *off* Candy!

Sascha verläßt die Theke und wandert durch die Hotelhalle.

SASCHA *schreit* Señor Candy! Candy! Señor Candy!

Alle schauen auf, selbst Fred hebt den Kopf von der Theke.

CANDY *kommt angelaufen* Si?

SASCHA Verfluchte Scheiße! Ich muß zwanzigmal brüllen, bis du auftauchst! Ich will was wissen von dir, dann muß ich nach dir schreien, ja?! Du bist doch Aufnahmeleiter hier?

Fred geht vor Candy in die Knie, küßt ihm die Hand. Dem ist es sichtlich sehr peinlich.

FRED *zu Candy* Kapierst du denn überhaupt nicht, wie ich dich mag!

SASCHA *legt Fred den Arm auf die Schulter* Komm, steh wieder auf.

FRED *schlägt das Kreuzzeichen vor Sascha* Ich hasse dich, Satyr. *Zu Katrin, die allein tanzt:* Dich auch, du Hexe!

David wendet sich wieder Jesus zu.

DAVID The ownest form of life is socialism.

Sascha geht mit Candy zur Bar.

SASCHA Est possibile for material di Madrid?

CANDY Material?

SASCHA Kodak?

CANDY Si, si.

SASCHA En couleur!

CANDY Si. Yo telefoné. *Er geht.*

KORBINIAN Das hätte ich ja auch machen können.

SASCHA Ach, halten Sie doch bitte das Maul, Köberle, ja?

KORBINIAN Ich bin ja schon still.

Babs und Billie.

BILLIE Wahrscheinlich ist er uralt.

BABS Wer weiß. Wir hatten einen Rennleiter in Le Mans, du, der war 60 oder so. Aber so da!

CANDY *aus der Telefonzelle, zu Sascha* Señor Velli! Señor Velli! How much?

SASCHA *zu Manfred* Wieviel?

MANFRED Zwölfhundert Meter.

SASCHA Twelf hundred meters.

CANDY *ins Telefon* Mil doscientos metros. – Si. Mañana.

Fred läuft weinend durch die Hotelhalle. Er trifft auf Honey.

FRED Ihr seid alle Schweine! Ihr Arschlöcher!

HONEY Was hastn?

FRED *umarmt ihn* Die sind alle so gemein.
HONEY Laß halt. Trink ma einen.

Manfred steht an der Rezeption. Er läßt sich vom Portier verbinden.

MANFRED Zimmer veintitrente, please.
PORTIER *gibt ihm den Hörer* Monsieur.
MANFRED *ins Telefon* Hier läuft alles schief. Wir kriegen das Material aus Deutschland nicht. – Du, weil der Scheck nicht gedeckt war... Okay. Bitte!

Irma und Deiters auf dem Sofa.

DEITERS Irgendeiner wird mein Buch schon verlegen.
IRMA Meinst du?
DEITERS Sonst mach ich nen großen internationalen Haschhandel auf.
IRMA Das ist aber ziemlich gefährlich.
DEITERS Ich hab immer Glück.

Babs und Billie.

BILLIE Was der überhaupt an Eddie findet.
BABS Kies. Money.
BILLIE Glaubst du, wegen dem geht einer ins Kino?
BABS Was wissen wir.

Ricky und Mark.

MARK Next year in autumn I will shoot my first picture.
RICKY Yes?
MARK Yes. About the young and the old generation. I want to show, that the young generation is right. *Er drückt ihm die Hand.*

Korbinian, Honey und Fred stehen an der Bar.

HONEY *zu Fred* Du, ich mach mei Arbeit, sonst nix.

David und Jesus.

DAVID The people, who can think with their heads, they must go to the factories, and must speak with people like you, who didn't get so many chances.

Babs und Billie. Musik: »So Long, Marianne« von Leonhard Cohen.

BILLIE *schaut zu Jesus herüber* Also, mir gefällt dieser spanische Beleuchter.
DAVID *redet weiter auf Jesus ein* In this resume you can find your chance. You understand, don't you?
BABS *zu Billie* Der is ja doch schwul.
BILLIE Meinst du? Warts ab.
BABS Sind überhaupt unheimlich viel Schwule hier.

Manfred trifft Margret auf der Treppe. Er küßt sie, gemeinsam gehen sie in die Hotelhalle.

MARGRET Und wenn das Material aus Madrid nicht rechtzeitig ankommt?
MANFRED Tja. Die haben die Wechsel abgebucht. Und ich hab gedacht, die würden n paar Tage warten damit.

Sascha steht mit den anderen an der Bar.

SASCHA *ruft* Babs!
BABS *kommt* Ja?
SASCHA Geh rauf, die Dispo schreiben.

Sie geht. Sascha schreitet die Theke ab.

SASCHA *zu Korbinian* Wollen Sie auch wieder arbeiten oder verdienen Sie Ihr Geld im Schlaf?
KORBINIAN Was ich mach, paßt Ihnen ja sowieso nicht.
SASCHA Widersprechen Sie nicht dauernd!
MANFRED *im Hintergrund* Er kanns nicht lassen.
MARGRET Aber das wissen wir doch schon lange.
SASCHA *setzt sich wieder, zum Kellner* Un Cuba libre, por favor.

Mark und Ricky, im Hintergrund Billie.

MARK Listen, I can do something for you in Rome. We will see.

RICKY Thank you. *Er dreht sich zu Billie um, dann wieder zu Mark.* Thank you.

MARK Excuse me a moment. *Er steht auf und geht. Off:* Oh, hallo Margret. Ich hoffe, es geht Ihnen gut?

BILLIE *geht zu Ricky, lächelt ihn an* Darf ich mich setzen?

RICKY Ja, selbstverständlich.

Mark steht mit Manfred und Margret in der Halle. Auch Garcia will mit Manfred sprechen.

MARK Die englischen Text für die deutsche...

GARCIA Are you the producer of this film?

MANFRED *zu Garcia.* Moment.

MARK Also, Excuse me. Wir müssen angleichen den englischen... den deutschen Texten an den englischen Texten für die deutsche *(englisch ausgesprochen:)* Synchronisation.

MANFRED Aber das ist doch klar.

Fred, Honey und Korbinian an der Theke.

HONEY *zu Korbinian* Tu halt dei Arbeit, dann lassens dich stehn.

KORBINIAN Ich darf ja meine Arbeit noch nicht mal tun.

Billie und Ricky.

BILLIE Sind Sie aus Deutschland?

RICKY Ja.

MARK *off* Meine Deutsch ist nicht so gut, daß ich das machen kann.

BILLIE *nimmt eine Zigarette. Ricky gibt ihr Feuer.* Danke.

RICKY De nada.

BILLIE Is der schwul?

RICKY Wer?

BILLIE Der Beleuchter da. *Blick aus ihrer Sicht auf Jesus.*

RICKY *off* That is not interesting for me.

BILLIE *off* I hope so.

RICKY Yeah. Before yesterday my wife has got a daughter.

BILLIE Ja?

Korbinian, Honey, Fred und Sascha an der Bar.

GARCIA *off* I'm an actor. I'm a stuntman. Maybe...
FRED Wenn ich nur wüßte, was ich suchen muß!

Manfred und Garcia gehen durch die Hotelhalle.

MANFRED Die Besetzung der kleinen Rollen kann erst der Regisseur entscheiden.
GARCIA Si, si. But you must know, that I can do all things you want. You understand? I can do everything absolutely perfect, you know. Look at me! I have such muscles – look at my muscles! And here – you can proof. I can ride, jump, dance, all you want...
MANFRED First the regisseur must come and then we can speak about the rolls, you understand?
GARCIA Nix verstehn.
PORTIER Señor Sascha! Teléfono para usted, por favor.
SASCHA *geht zum Telefon, greift zum Hörer* Jeff! Ja... *David schaut auf.* Aber du hast... *Alle schauen gespannt. Zoom auf Irma.* Nein, Jeff. – Ja, ich verstehe schon. Laß uns doch... Aber das... Da können wir ja morgen nochmal drüber... Klar. Okay, ja. Mhm. *In den Raum:* Ricky! *Der steht auf, geht langsam zum Telefon.* Mensch, man beeil dich doch ein bißchen.
RICKY *ins Telefon* Hallo! Yes I am. – Where? In your heart? That's not needed.
SASCHA *steht bei Manfred und Margret* Er kommt zwar, aber er will den Film nicht mehr machen. Der hat schon mit mehreren Leuten telefoniert in Deutschland, mit Schlöndorff, Lemke undsoweiter. Einer wirds schon machen, meint er.
MANFRED Nein, nein. Das geht auf keinen Fall.
RICKY *ins Telefon, gequält* Yes. – I love you.

Flughafen

Ein Helikopter landet. Jeff und Eddie steigen aus, gehen über das Rollfeld.

In der Villa

Schwenk über Deckengemälde zu Fred. Er inspiziert die Bar; Honey, Antonio und David verlegen Kabel und bauen Scheinwerfer auf.

FRED *zu sich* Was mach ich nur mit der Bar?
ANTONIO Si yo tomei no lo sei.
HONEY Na, gib den mal her.

Hanna sitzt im Sessel, Billie ordnet ihre Frisur.
Korbinian kommt.

KORBINIAN Soll ich was zu trinken holen?
HANNA Ja, bitte. Einen Kaffee.
KORBINIAN Sonst noch wer?
FRED Tu lieber was arbeiten, du faule Sau.
KORBINIAN Selber faule Sau. Jeder glaubt, er kann mit mir rummeckern. *Er geht.*
JEFF *kommt mit Sascha herein* Wo ist Ricky?
SASCHA Du, der ist ans Meer gefahren.
JEFF Mit wem?
SASCHA Tja.
JEFF *geht zu Hanna, umarmt sie* Wie gehts dir, Hanna?
HANNA Gut, Jeff.
JEFF *wieder zu Sascha* Wo ist der Kameramann?
SASCHA Du, der weigert sich zu drehen, bevor er nicht ein Gespräch oder so was gehabt hat mit dir.
JEFF Das kann er haben. Sag mal – was ist denn das überhaupt hier?
SASCHA Das ist die Villa des Ministers.
JEFF *geht durch den Raum, schaut sich um. Schreit* Sag mal, seid ihr verrückt geworden? Ich will einen Palast haben, und was besorgt ihr mir? Das mickrigste Loch auf der ganzen Erde! Ich werd noch wahnsinnig. Sag mal, seid ihr ein Kindergarten? Ihr müßt erst mal lernen, Filme zu machen, ihr Schweine! Villa! Das ich nicht lache.

Hotelhalle

Ricky sitzt mit Babs an der Bar. Im Hintergrund David.

BABS Wenn du wirklich Rennen fahren willst, dann mußt du erst einmal ne Menge privater Ralleys fahren, bevor die dich überhaupt zulassen. Und das kostet unheimlich was.
RICKY Jeff pays all.
BABS Ah ja?

Eddie kommt herein, geht zu einem Sessel und setzt sich.

EDDIE *zum Kellner* He, Manoli!
MANOLI Si!
BABS *zu Ricky* Der sieht ja wirklich unheimlich alt aus.
RICKY Wer? *Babs weist mit dem Kopf auf Eddie.* Du, ich find den unheimlich toll.

Der Kellner bringt Eddie einen Whisky.
Jeff kommt herein, hinter ihm Sascha. Ricky steht auf, geht auf Jeff zu. Der geht an ihm vorbei zu David und umarmt ihn. Musik: »Kyrie eleison«.
Eddie beobachtet die Szene. Sascha schaut zu Ricky, zuckt mit den Achseln.

JEFF *zu David* Wie gehts dir?
DAVID Danke, gut, Jeff.
JEFF Wo ist Manfred?
DAVID Zimmer 30.
SASCHA *begrüßt Eddie* Tag. Wie gehts den Pferden?
EDDIE Danke. Sehr gut.
SASCHA Ja, wenn Sie was brauchen, dann sagen Sies mir.

Manfreds Hotelzimmer

Margret liegt auf dem Bett. Manfred sitzt an der Schreibmaschine und tippt. Jeff kommt herein.

JEFF Du, sag mal, hast du eigentlich das Motiv gesehen?
MANFRED Du, ich...
JEFF Ich frag dich, ob du das Motiv gesehen hast!
MANFRED Ich hab gedacht, das gefällt dir.
JEFF Das ist ja nicht einmal ein Haus! Geschweige denn ein Palast. Sondern eine elende Hütte. *Er setzt sich zu Margret aufs Bett, umarmt sie.* Aber mir ist das eh wurscht, ich fliege morgen sowieso zurück.
MANFRED Wieso denn?

Es klopft. Korbinian kommt herein.

KORBINIAN Das Material war nicht in der Maschine.
JEFF *dreht sich um* Welches Material?
MANFRED Wir kriegen das Material aus Deutschland nicht. Jetzt haben wirs in Madrid bestellt.
JEFF Wieso Madrid? Meinst du etwa, ich dreh den Film auf spanischem Material?
MANFRED Da ist überhaupt kein Unterschied, Jeff.
JEFF *schreit* Sascha! Sascha!
KORBINIAN Ich geh und hol ihn.

Er geht. Jeff bleibt in der Tür stehen, dreht sich noch einmal um.

JEFF Ich wollte in meinem Leben einmal einen Film ohne eigene Verantwortung machen. Jetzt produzierst du eh schon mit meinem Geld und baust dazu noch lauter Scheiße. Ich glaub, ich werd noch verrückt. *Schreit.* Sascha! Natürlich, mit mir könnt ihr ja so was machen. Und nur wegen meiner Anständigkeit. Sascha!
SASCHA *kommt* Was ist denn nun schon wieder, ja?
JEFF Sascha, ich mach da nicht mehr länger mit. Dafür, daß ich dieser Sau mein Geld in den Rachen schmeiß, bekomm ich noch nicht mal erstklassiges Material. Ich flieg wieder zurück, nach Hause. Bestell mir ein Ticket für morgen früh.

SASCHA Du, laß uns darüber nochmal reden, ja?
JEFF Ne!

*Er schmeißt die Tür hinter sich zu. Manfred, Margret und Sascha
bleiben zurück im Zimmer und schweigen sich an.*

Speiselokal

*Draußen auf der Terrasse, im Hintergrund das Meer. Hanna und
Mark essen; mit an ihrem Tisch sitzen David und Fred.*

HANNA Hast du gesehen, wie der sein Gesicht verzieht?
FRED Wer?

*Hanna deutet mit dem Kopf auf Eddie.
Eddie sitzt allein an einem Tisch. Er grüßt herüber.*

FRED Nein.
HANNA Du, das ist unbeschreiblich komisch. Der macht immer
 so. *Sie imitiert ihn und zuckt mit dem Gesicht.*

*Eddie schaut interessiert herüber. Hanna schaut belustigt. Es scheint
fast, als flirten sie.*

MARK *zu Hanna* Du bist schön.
HANNA Ja?
MARK Ja.
DAVID Die war schon wieder so unverschämt zu mir.
HANNA Wer?
DAVID Die Margret.
HANNA Die tut mir unheimlich leid. Eigentlich beide. Die haben
 wahnsinnig Angst vorm Altwerden.
DAVID Weißt du, warum Jeff ihn das machen läßt? Daß er den
 einen Film produzieren läßt mit unserem Geld?
HANNA Frag ihn halt. Der hat ihn irgendwie reingeritten.
DAVID Den kann man doch nichts mehr fragen. Der ist so komisch
 in letzter Zeit. Grad zu uns. Oder?
HANNA Ja?

DAVID Grad mit den Leuten von der Gruppe. Vielleicht redest du
  mal mit ihm.
MARK Ihr kommt alle von München, ja?
HANNA Ja.
MARK Ich aus Rom. Ich bin ein Untermensch für euch, ja?
HANNA Versteh ich nicht.
MARK Ich bin ein Neger für euch. Ihr seid euch alle ganz zufrieden.
  Ich bin ein Fremder für euch. Ihr laßt mich stehen außerhalb. Ihr
  seid wie Übermenschen, weil ihr seid zusammen.

Jeffs Zimmer

Jeff liegt im Bett und raucht. Ricky steht im Bad, zieht eine Hose an.

JEFF Red doch keinen Scheiß. Warum denn nicht?
RICKY Weil ich nicht genügend Konzentration aufbringen kann.
JEFF Ach ja?
RICKY *kommt aus dem Bad* Ich will, daß du Spaß hast. Ich bin
  dabei doch ganz unwichtig.
JEFF Graçias, Señor.
RICKY De nada.

Hotelhalle

*Honey und Fred beschäftigen sich mit Katrin auf dem Sofa; sie
kichert. Irma und Deiters tanzen; sie ist ziemlich besoffen, kann sich
kaum noch auf den Beinen halten. Im Hintergrund Billie und Jesus,
eng umschlungen auf dem Sofa. Musik: »Hangman Hang My Shell
On A Tree« von Spooky Tooth.
Babs steht an der Bar, neben ihr Renate.*

SASCHA *off* Babs!
BABS Ja?
SASCHA *kommt* Also, was bitte?
BABS Ich geh ja schon.
SASCHA Es gibt Arbeit oben.

Sie trinkt aus und geht. Renate mustert Sascha.

SASCHA *zum Kellner* Cuba libre, por favor.

RENATE Haben Sie was zu sagen hier?

SASCHA Ich denke schon.

RENATE Ich such nämlich nen Job. Statisterie oder so.

SASCHA *mustert sie* Da läßt sich sicher was machen. Sind Sie allein hier?

RENATE Nein. Ich bin mit meinem Mann unterwegs.

SASCHA Ah ja.

RENATE Ja.

SASCHA Ja dann. *Der Kellner reicht ihm den Cuba libre.* Danke.

Jeff und Ricky kommen. Irma löst sich von Deiters.

IRMA Jeff! *Sie geht taumelnd auf ihn zu, hängt sich an ihn.* Oh, Jeff!

RICKY *geht zu Sascha und Renate an die Bar* Hallo.

JEFF *wehrt Irma ab* So, jetzt laß mich wieder los, Schätzchen.

IRMA Küß mich, Jeff. Ich hab dich zwei Wochen nicht gesehen.

JEFF Ich hab gesagt, du sollst mich loslassen, sonst knallts. *Er löst sich von ihr, geht zur Bar.*

IRMA *läuft ihm nach* Ich hab doch ein Recht, Jeff.

JEFF Ach, laß mich zufrieden.

IRMA Ich liebe dich doch! Jeff!

Er dreht sich um und gibt ihr eine Ohrfeige.
Ricky und Renate schauen auf.

IRMA Du hast mich geschlagen! Ihr habt es alle gesehen. Er hat mich halb totgeschlagen. *Deiters tröstet sie.* Er hat versprochen, daß er mich heiratet. Er hat Kinder haben wollen mit mir. Du bist an allem schuld, du Schwein. Schwein! *Ricky schaut auf.* Ihr werdet schon sehen. Ich werds euch allen zeigen. Allen. *Hanna und Mark, Fred und David kommen herein.* Ihr könnt es auch bestätigen. Er hat mich wieder halb totgeschlagen. Aber ich werds euch zeigen. Ihr werdet schon sehen.

Sie geht. Jeff steht an eine Wand gelehnt.
Mark sagt zu Hanna: »Komm«; alle gehen zur Bar und bestellen Cuba libre. Ricky dreht sich zu Jeff um.

RICKY Don't you like to drink?

JEFF Doch. *Er löst sich langsam von der Wand, geht zu Ricky an die Theke.*

RICKY *gibt ihm einen Cuba libre* Prost, Jeff.

HANNA Was war denn schon wieder?

JEFF Das Übliche.

MANFRED *off* Jeff.

JEFF Ja?

MANFRED *kommt* Die Irm ist gerade im Produktionsbüro und will ihre ganze Gage haben. *Zum Kellner* Un Cuba libre, por favor. *Wieder zu Jeff* Du hättest ihr die Heirat versprochen. Da will sie ihr Geld, sonst reist sie ab.

JEFF Dann soll sie doch abreisen. Du kannst ihr von mir ausrichten, daß ich sie am Drehort nicht mehr sehen will. Ich dreh keinen Meter Film, wenn diese Frau am Set auftaucht – ist das klar?

FRED *verabschiedet sich* Also, ich geh jetzt schlafen. Gute Nacht.

HANNA Gute Nacht. *Er geht.*

MANFRED Gut, ich sags ihr.

JEFF Aber gleich.

MANFRED Gut, gut. Aber ich hab kein Geld, um auszuzahlen.

JEFF Die faule Sau soll erst mal was arbeiten, bevor sie Geld haben will.

EDDIE *kommt zögernd herein, setzt sich in einen Sessel* Whisky, por favor.

MANOLI *off* Si, Sēnor.

MANFRED *geht zu Eddie* Guten Abend, Mr. Constantine.

EDDIE Abend.

MANFRED Haben Sie gut gegessen?

EDDIE Wirklich herrlich.

IRMA *kommt wieder* Krieg ich nun mein Geld oder nicht?

MANFRED Entschuldigen Sie bitte. *Er wendet sich Irma zu.* Irm, Jeff sagt nein. Und außerdem sollst du abfahren. *Zoom auf Jeff.*

IRMA Ich hab vier Jahre gearbeitet für dieses Schwein. Bin auf den Strich gegangen für dieses widerliche Schwein. Du wärst schon längst verhungert ohne mich! Er hat mir versprochen, daß er mich heiratet – ich blöde Kuh! –, damit ich weiter für ihn arbeite. Er hat Kinder haben wollen von mir, und ich hab alles geglaubt. *Sie heult.*

Jeff geht auf Irma zu und schlägt sie, bis sie schreiend zu Boden geht.
Die anderen beobachten die Szene, ohne einzugreifen.
Jeff geht zurück zur Theke und trinkt. Deiters und Manfred helfen
Irma auf und führen sie raus.
Auf dem Gang begegnet ihnen Mike. Er bleibt stehen, zündet sich
eine Zigarette an. Die Theke aus seiner Sicht: Hanna, in enger
Umarmung mit Mark. Jeff schaut in sein Glas. Ricky beobachtet
Renate am anderen Ende der Theke.
Mike grüßt Eddie, geht dann zu Jeff.

MIKE Hast du Lust, mir was von morgen zu erzählen?
JEFF Logisch. Komm. *Sie gehen zusammen durch die Hotelhalle.*
   Also, Mike, ich will eine unheimlich ruhige und lange Einstellung
   drehen. Ich will ganz langsam durch beide Räume fahren. Gerade
   weil hier zwei brutale Morde begangen werden, da muß unsere
   Haltung dazu eine völlig alternative sein. Denn wenn die Sachen
   so zack-zack passieren und du schnipselst da nachher so rum,
   dann kriegen die Leute doch nie ein Gefühl dafür, daß ein Mord
   eben . . . eben seine Zeit braucht, ja? Daß son Mord eben gar nicht
   so einfach ist.
   So will ich zum Beispiel, daß die Frau gleich weiß, daß sie sterben
   muß. Sie darf nur schauen. Nach einer gewissen Zeit muß die
   eigentlich anfangen zu weinen. Ich möchte da am liebsten mit
   dem Eddie in das Haus reinfahren, dann ne Weile hinter ihm
   bleiben und beobachten, was sein Erscheinen für ne Wirkung hat
   auf den Minister. Und wenn dann der Minister aufsteht, dann
   fahren wir mit Eddie ran. Und der sagt dann so Sachen von
   »Auftrag«, »Ehre« und so. Und jetzt fahren wir langsam in die
   Totale, und da muß dann der Mord geschehen. Vielleicht
   schwenken wir aber schon vorher auf die Frau. Die steht in der
   Tür und schaut zu. Sie ist völlig sprachlos und geht ganz ruhig
   zurück. Jetzt langsam Schwenk rüber zu Eddie. In diesem
   Moment ist der Minister schon ermordet. Eddie sucht jetzt die
   Frau, geht langsam aus dem Bild. Die Kamera bleibt auf dem
   Minister und schwenkt dann über son paar Ölschinken, da sind
   äh . . . von dem Typ die Ahnen drauf. Und jetzt kommt sie
   wieder auf die Frau von vorne und erfaßt Eddie von hinten im
   Anschnitt. Die zwei schauen sich an. Langer Blick. Eddie haut
   zu, sie bricht lautlos zusammen. Eddie geht nach draußen, setzt

sich im Garten auf ne Bank und zündet sich ne Zigarette an. Und das ist alles.

Ja, son Mord, das ist schon ne komische Sache. Das wirkt so schön sentimental, und das Publikum ist dann auch immer gleich erschüttert, weil es glaubt, es kennt die Leute da oben. Aber nie funktional, so als Funktion doch nie. Und genau das wolln wir hier mal versuchen. Man muß das mal kapieren, was das ist, ein Mord oder so was.

MIKE Das ist ungeheuer schön. Aber schwierig. Und du meinst, Eddie kann dir das bringen?

JEFF Bringt das, bringt das. Der hat doch Verstand im Kopf.

EDDIE *zum Barkeeper:* Un Whisky, por favor.

Hanna und Mark sitzen eng umschlungen an der Bar. Hanna löst sich von Mark, schaut zu Eddie. Großaufnahme von Eddie: Er schaut sie fest mit kalten Mörderaugen an.
Die Theke aus Eddies Sicht. Neben Hanna und Mark David, Ricky und Renate. Jeff und Mike kommen an die Bar.

MIKE Das wird schwierig auszuleuchten sein.

JEFF Ich weiß.

MIKE Ich geh schlafen. Gute Nacht. *Er geht.*

DAVID *zu Ricky* Was ist denn?

RICKY *weist mit dem Kopf in Richtung Renate* Geile Frau da.

DAVID Ach so. Ja.

JEFF *stellt sich zu ihnen* Was?

DAVID Der is scharf auf die Frau da.

JEFF Ach ja.

RICKY Ja, wenn sie zu mir kommt, dann sag ich nicht nein.

DAVID Und wenn nicht?

RICKY Dann halt ich meinen da raus.

JEFF *zum Barkeeper* Un Cuba libre.

Jeff geht zur Musikbox, drückt eine Platte (Leonhard Cohen, »Mastersong«). Hanna und Mark tanzen.
Jeff geht zum Haustelefon an der Rezeption. Der Portier hängt schlafend über der Theke.

JEFF *ins Telefon* Sascha? Komm doch mal runter. *Er schaut zur Bar.*

Ricky bietet Renate eine Zigarette an. Sie nimmt, er gibt ihr Feuer.
Nach dem ersten Zug nimmt er ihr die Zigarette aus dem Mund,
zieht selbst daran.

JEFF *telefoniert* Na, logisch. Meinst du, ich ruf dich sonst an. Bitte.
  Er legt auf.

David an der Theke, im Hintergrund Billie und Jesus auf dem Sofa
sowie Eddie allein im Sessel.
David trinkt aus. Er dreht sich um und schmeißt das Glas an die
Wand, wo es zerspringt.
Hanna und Mark tanzen. Jeff kommt, legt Mark die Hand auf die
Schulter. Der löst sich widerstrebend von Hanna und überläßt Jeff
seinen Platz. Jeff tanzt langsam und sehr eng mit Hanna.
Blick auf Renate, Ricky, David und Mark an der Bar.
Sascha, im Bademantel, kommt in die Halle und geht zu Jeff.

SASCHA Was gibts?
JEFF Laß mich jetzt zufrieden.
SASCHA *geht an die Bar* Hast du Kummer, Mark?
MARK No.

Die Musik ist zu Ende. Jeff geht zur Musikbox, drückt eine neue
Platte (Cohen, »Sisters of Mercy«).

RICKY *zu Sascha* Kennst du das?
SASCHA Was?
RICKY Ich zeigs dir.

Es handelt sich um ein Reaktionsspiel, bei dem man die Fingerspit-
zen aufeinanderlegt. Einer schlägt zu, und der andere muß versu-
chen, die Hand schnell wegzuziehen.
Ricky trifft Sascha immer.
Mark versucht, Hanna zu umarmen. Sie wehrt ihn ab, geht zu
Eddie.

HANNA *zu Eddie:* Ich wußte, daß ich kommen würde.

Sie schauen David und Ricky zu.

RICKY Andersrum.

Nun ist Sascha dran, aber Ricky zieht immer rechtzeitig seine Hand weg.

SASCHA David, jetzt komm du mal.

David löst ihn ab. Sascha nimmt Jeff beiseite.

SASCHA Also, was gibts?
JEFF Kannst du das irgendwie organisieren, daß Ricky mit der Frau da ficken kann?
SASCHA Mit welcher?
JEFF Mit der, die da sitzt. *Schwenk zu Renate.*
SASCHA Du, die ist mit ihrem Mann da.
JEFF Du mußt ihr halt Geld anbieten. Sie braucht nur zu ihm hingehen und sagen, daß sie will. Sonst kann er nämlich nicht.
SASCHA Da geht nix. Gute Nacht. *Er geht.*

Ricky besiegt auch David. Jesus steht auf, schaut ihnen zu.

RICKY *zu Jesus* Na, willst du auch mal?

Sie spielen. David tanzt mit Billie.

HANNA *beobachtet das Spiel, zu Eddie* Er ist ein Reaktionsgenie. *Jeff stellt sich zu Ricky und Jesus.* Wissen Sie, die Gesellschaft hat was ganz Totes aus ihm gemacht. Er kann nicht mehr von innen reagieren.
EDDIE Nicht so viel reden. *Er küßt sie.*

Mark, noch immer an der Bar, schaut zu ihnen rüber, dreht sich dann wieder zur Theke. Er trinkt aus und schmeißt das Glas hinter sich.
Hanna schaut auf. Traurig. Eddie kapiert nichts.

JEFF *zu Ricky* Machs mal mit mir.
RICKY *bevor das Spiel beginnt* Wenn du mich einmal triffst, geb ich dir hier vor allen Leuten einen Kuß.

JEFF Du kleines Stricherschwein. *Er läßt los, geht zur Bar.* Un Cuba libre.
RICKY *geht nach einem Moment ebenfalls zur Bar* Dos.

David schmeißt Billie zu Jesus aufs Sofa. Billie kichert.

JESUS No! Por favor.

Renates Mann kommt, holt sie ab.

HOFFMANN Komm.
RICKY Müssen Sie schon gehen?
RENATE Ja, leider. Wiedersehen.
RICKY Auf Wiedersehen. *Renate und ihr Mann gehen.*
JEFF *zu Ricky* Lauf ihr doch nach, dieser ausgefickten Fotze. Der hat doch so ne Sau wie du gerade noch gefehlt.
RICKY Ja?

Mark trinkt sein Glas aus, schmeißt es hinter sich. Der Kellner kehrt die Scherben zusammen.

EDDIE *streichelt Hannas Hand* Gehen wir Musik anhören?
HANNA Ja. *Sie stehen auf und gehen.*

Jeff schaut ihnen nach. Nach einer Weile schmeißt er sein Glas in die Richtung, in der Hanna mit Eddie verschwunden ist.

JEFF Und du kannst mich in Zukunft auch am Arsch lecken.

David geht zur Musikbox, drückt eine Platte: Elvis Presley, »Santa Lucia«.
Mark trinkt sein Glas aus, wirft es mit Schwung hinter sich. Er steht auf, torkelt und fällt. Mit den Händen ist er in die Scherben gefallen; er blutet. Er steht auf und wankt hinaus. Auch Billie und Jesus, Hand in Hand, gehen. Ihnen begegnet Fred.

FRED Bei dem Krach kann wirklich keine Sau schlafen. *Zu dem blutenden Mark:* Geschieht dir ganz recht. *Er geht zur Bar.* Cuba libre.

RICKY Mir verziehts schon wieder das Gesicht.
FRED Bist du besoffen?
RICKY Ja.
JEFF Ich auch.

Die Musik ist zu Ende. Langsamer Schwenk durch die leere Hotelhalle. Der Portier an der Rezeption schläft. Ricky hockt auf der Musikbox; Fred, David und Jeff stehen an der Theke.

RICKY That's not the right life for me, you understand?
DAVID Why?
RICKY I must go to my family. I have to work.
DAVID What work?
RICKY I wonna back to factory. I wonna work. Yes!
DAVID I don't believe you.
RICKY He is my best friend, but I go back to my wife. I love him just with my way, but I go back to my work.
DAVID *zu Jeff* Glaubst du das?
JEFF Monsieur no fait? Sans d'argent, il, il retour a moi. L'amour est plus froid que la mort.
DAVID No plus froid, plus, plus simple que la mort.
JEFF No! Plus, plus froid. Oui.
RICKY Das ist Scheiße, wenn ihr französisch sprecht, dann versteh ich nichts. What did he say?
DAVID Soll ichs ihm sagen?
JEFF No, pourquoi le Monsieur est very brutal, you understand.
FRED *emphatisch* Laßt uns singen ...
RICKY Was denn?
FRED Ich singe vor, und ihr singt nach. Ja?
JEFF Ja.
FRED *stimmt an* Wohin soll ich mich wenden ... Und: *Er dirigiert.*
ALLE *singen*   Wohin soll ich mich wenden,
                 wenn Gram und Schmerz mich drücken,
                 wem künd ich mein Entzücken,
                 wenn freudig pocht das Herz?
                 Zu dir, zu dir, oh Vater,
                 komm ich in Freud und Leiden.
                 Du sendest ja die Freuden,
                 du heilest jeden Schmerz.

Am Set

Blick nach draußen. Ein Wagen hält. Sascha und Manfred steigen aus. Das Team ist bei den Vorbereitungen. Korbinian geht mit einem Tablett voll Kaffeebechern herum. Deiters und Mike nehmen, Honey lehnt ab. David diskutiert mit Antonio.

DAVID Listen Antonio, do you think the political Spain is right?
ANTONIO Ich glaube doch. *Er reicht einen Becher an Jesus weiter:* Aqui es un café para ti. *Zu Korbinian:* Gracias.
DAVID Oh, I did not say the politic is not good, but I do not know she is the right one …

Korbinian geht weiter. Auf dem Treppenabsatz sitzt Eddie, der von Billie geschminkt wird. Margret frisiert sich vor dem Spiegel. Peter geht eng umschlungen mit Linda die Treppe runter.

PETER Ich würde auch nach Spanien ziehen, aber …

Sascha und Manfred kommen herein.

SASCHA Ich weiß auch nicht, was wir da machen sollen. Er muß eben einfach in Bonn anrufen, daß sie die zweite Rate früher schicken, eh?
MANFRED Okay.

Mike, eine Hand vor dem Auge zu einem Viereck geformt, geht die geplante Kamerafahrt ab. David diskutiert weiter mit Antonio.

DAVID I don't believe, that the people are fascists in Spain.
ANTONIO Nicht allen, aber manchen ja.
DAVID That's right. What do you think about Prince Juan Carlos?

Mike wandert weiter durch die Räume, trifft auf Honey.

HONEY Alles okay, Mike?
MIKE Mhm.

Er bleibt an der Treppe stehen. Korbinian kommt herunter.

MARGRET Korbinian! Korbinian!

KORBINIAN Ja?

MARGRET Holen Sie mir eine Tasse Tee. Aber rasch, ja?

SASCHA *zu Candy* Oggi no monetas. Si?

CANDY No monetas?

SASCHA No monetas. Monetas domani. E tu hablas con les trabajores. Si?

CANDY Si. Si.

SASCHA *zu Manfred* Keine Angst, die spuren schon.

KORBINIAN *kommt* Gib mal die Becher, ich brauch sie. *Er sammelt sie wieder ein. Zu David:* In zwei Jahren, da mach ich auch Filme. Ich bin zwar n bißchen langsam. Aber doof bin ich deswegen noch lange nicht.

Er geht raus. Am Auto stehen Linda und Peter; sie küssen sich.

Autofahrt

Jeff sitzt am Steuer, Babs neben ihm. Sie fahren an der Küste entlang. Die Sonne scheint, das Verdeck ist geöffnet.

JEFF *zündet sich eine Zigarette an* Willst du auch ne Zigarette?

BABS Ja. *Sie nimmt.* Du kannst ja auch lieb sein.

JEFF Nee.

BABS Doch. Alle haben Angst vor dir gehabt. Aber du bist ganz anders.

JEFF *nach einer Weile* Wollen wir heiraten? Wir können zusammen nach Peru gehen.

BABS Das kann ich Sascha nicht antun. *Sie fahren schweigend weiter.*

Am Set

Candy steht mit Jesus und Antonio zusammen und erklärt ihnen, daß es erst morgen Geld gibt.
Fred führt Francesco durch die Räume. Sie unterhalten sich auf spanisch.

Der Schminktisch auf der Treppe. Billie ist immer noch mit Eddie beschäftigt.

EDDIE In Frankreich pudern wir niemals das Gesicht.
BILLIE Nein? Das können wir ja gleich wieder runtertun.
MARGRET Wie wärs, wenn Sie sich mal ein bißchen beeilen würden? Billie, wie lange soll ich denn noch warten?
BILLIE Ich mach ja eh schon so schnell wie ich kann.

Sascha und Manfred gehen raus.

SASCHA *mit Blick auf Peter, der Linda küßt* Ihre Eltern gehören zu den reichsten Leuten in Spanien.
MANFRED Na und?

Auf dem Meer

Irma sitzt in einem Motorboot, das sich von der Küste entfernt. Sie schaut traurig. Musik: Donizetti, Arie aus »Roberto Deveraux«, Gaetano Donizetti.

Am Set

Blick nach draußen: Jeffs Wagen kommt um die Ecke; er bremst scharf. Sascha und Manfred stehen noch an der Tür.

MANFRED Sag ihm das mit Bonn.
SASCHA Okay. *Er geht zum Auto. Zu Jeff:* Kann ich dich mal nen Moment sprechen?
JEFF Ja, gleich. *Er steigt aus, geht weg.*
SASCHA Was machst du da?
BABS Jeff hat mich mitgenommen.
SASCHA *schreit* Ich hab dir zu befehlen, was du zu tun hast!
BABS Schrei mich bitte nicht so an.
SASCHA Wenn ich dir sage, du hast im Büro zu sein, so hast du im Büro zu bleiben? Is das klar? *Sie setzt sich demonstrativ wieder ins Auto.* Korbinian! Korbinian!

Jeff gibt David einen Zettel.

JEFF Wenn er endlich antanzt, mußt du seinen Text so lang mit ihm durchgehen, bis er ihn endlich kann. Immer wieder – hast du verstanden?
DAVID Okay.
JEFF Los komm, hol mir mal n paar Cuba libre.

Billie ist mit Eddie am Schminktisch fertig.

BILLIE So Margret, jetzt sind Sie dran.
MARGRET Au! Können Sie nicht ein bißchen vorsichtiger sein?
BILLIE Ich hab Angst vor Ihnen. *Margret nimmt ihr den Frisierkamm aus der Hand.*

Honey baut mit Antonio den Kamerawagen auf.

HONEY So, heb ihn mal an! – Geht ja noch immer nicht weit genug.

Jeff geht an ihnen vorbei. Er begrüßt Eddie, gibt ihm die Hand und geht gleich weiter. David kommt mit einem Tablett voll Cuba libre. Jeff nimmt einen Becher.

JEFF *schreit nach draußen* Wo isn mein Coach?
SASCHA *kommt angelaufen* Der pennt da drinnen.
JEFF Dann weck ihn doch auf.

Sie gehen ins Nebenzimmer. Mark schläft auf dem Sofa, Sascha weckt ihn.

JEFF *schreit ihn an* Wofür, denkst du, daß du hier bezahlt wirst? Fürs Pennen etwa? Glaubst du, die andern arbeiten hier nur zum Vergnügen? Die spinnen wahrscheinlich, oder? Steh endlich auf, du faule Sau! *Er dreht sich um.* Sascha! *Er holt einen weiteren Zettel hervor, gibt ihn Sascha.* Er soll die Szene hier mit Eddie durchgehn.

Mark steht verschlafen auf. Jeff geht eilig raus, greift sich noch einen Becher Cuba libre. Mike spricht ihn im Flur an.

MIKE Können wir das jetzt endlich mal durchgehn?

JEFF Nein! *Er geht weiter zu Margret und Billie, umarmt Margret.* Wie gehts dir?

MARGRET Gut. Jeff, ich freu mich unheimlich, daß wir jetzt endlich anfangen.

JEFF Schön.

MARGRET Du, ich glaube, ich werde die Rolle ganz nackt spielen. Da hat man doch ein ganz anderes Gefühl.

JEFF Meinetwegen.

Eddie und Mark.

EDDIE Non. Ich kann doch eine Frau nicht mit einem Handkantenschlag – sagt man so? – toten. Non. Das ist nicht recht. Ich kann eine Frau nicht schlagen und dann nachher toten. Non.

MIKE *off* Kannst du mir denn endlich erklären, worum es eigentlich geht?

Mike steht auf der Treppe, Jeff kommt herunter.

JEFF Ich hab dir doch gestern die ganze Szene erklärt. Ich hab dir doch genau gesagt, wie alles ablaufen muß. Ich begreife überhaupt nicht, warum hier nichts aufgebaut ist. Sascha!

SASCHA Was ist denn?

JEFF Warum ist hier überhaupt noch nichts aufgebaut?

MIKE Das stimmt, du hast mir zwar was gesagt, aber du... du mußt doch entscheiden, wo genau die Fahrt gemacht werden soll.

JEFF Muß ich denn alles alleine machen! Wenn ihr nicht selber mal was entscheidet, werdet ihr auch nie Spaß an eurer Arbeit haben. Bau sie halt hier auf!

Er macht ihm, die zum Viereck geformte Hand vor Augen, die Fahrt vor – fast so, wie Mike sie zuvor gemacht hat.

JEFF Hast dus jetzt begriffen?

MIKE Ja, ja, selbstverständlich.

Ein Auto kommt. Jeff steht am Fenster und beobachtet, wie Ricky, Korbinian und Hanna aussteigen. David geht zu Ricky.

DAVID Du Ricky, ich soll den Text hier mit dir durchgehen.
RICKY Na, dann komm. *Er setzt sich in Jeffs Cabrio.*

Jeff steht noch am Fenster. Sascha geht zu ihm.

SASCHA Jeff? Du mußt unbedingt Bonn anrufen. Wir brauchen
dringend die zweite Rate, ja?
JEFF Was? Ich glaub, ich spinne. Ihr könnt doch nicht bis zum
ersten Drehtag 200 000 ... nee, 185 000 Mark ausgegeben haben!
SACHA Doch.
JEFF Aber das ist doch Wahnsinn!
SASCHA Rufst du nun an – oder nicht?
JEFF Doch.
FRED *kommt* Jetzt sag endlich, obs dir gefällt.
JEFF Ja, es könnten vielleicht noch ... noch n paar mehr Putten
rumstehn.
FRED Mei, o mei! Wo soll ich denn jetzt noch Putten hernehmen?
JEFF *geht. Off* Der spinnt auch von Tag zu Tag mehr.

*Die Arbeiter bauen Schienen für die Kamera. Honey steht dabei,
trinkt Bier.*

HONEY Ich bin ja gespannt, ob ihr das nochmal in Gang kriegt.
JEFF *telefoniert* Habla, habla. Was solln das? Bonn, verstehn?
Alemagna. *In den Raum* Wo ist denn die Dolmetscherin?
SASCHA Du, die steht da oben mit meinem Bruder.
JEFF Was machtn der eigentlich bei dem Film?
SASCHA Der macht Ton.
JEFF *schreit* Ich hab doch gesagt, ich dreh ohne Ton! Der soll nach
Hause fahren! Hol mir jetzt die Dometscherin.
SASCHA *schreit* Linda! Linda!

*Linda kommt von draußen, geht an Manfred und Babs vorbei. Sie
bewegt sich provozierend langsam.*

JEFF Können Sie nicht mal n bißchen schneller gehen? Meine Güte,
geht die Sau langsam. *Linda ist da.* Ich will mit Bonn sprechen, mit
dem Innenministerium, ja?
LINDA *setzt sich zum Telefonieren* Habla, habla.

JEFF *zu Sascha* Scheiße, red du mit denen. *Er geht.*
PETER *kommt* Was ist denn los?
SASCHA Du, er sagt, du sollst nach Hause fahren.

Eddie hält Hanna im Arm. Jeff kommt.

JEFF Lemmy Caution, das war doch immer son Gentleman. So
gütig und so. Hier gehts mir darum, den Typ so auf der Höhe seiner
Regierung zu zeigen, also brutal und unheimlich kaltblütig.
Kapitalistisch, vernünftig, kalt – ich habe einfach keine Lust,
Leuten auch nur einen Funken Sympathie entgegenzubringen,
die im Auftrag von äh... irgendwie so faschistischen Regierun-
gen handeln.
HANNA Il dit que si le gouvernement pour que tu travaille c'est la
merde, alors tu ne peux pas être humain ou quelque chose comme
cela – ah?
JEFF Ja.

Sascha und Manfred.

MANFRED Was sagt Bonn?
SASCHA *macht das V-Zeichen* Victory.

*Jeff, schon ziemlich besoffen, geht zum Schminktisch. Er fegt
Margret vom Stuhl, umarmt Billie.*

JEFF Ich find dich unheimlich toll, Billie.
BILLIE Ach geh.
JEFF Wenn du willst, können wir heiraten. Dann gehen wir nach
Südamerika oder so.
BILLIE Ja, ja, natürlich.

*Jeff geht mit Billie zu Boden. Sie fallen fast auf Margret, die
aufkreischt. Ricky sitzt draußen in Jeffs Auto. Er ist allein.*

RICKY Ich werde erst wieder ruhig sein, wenn ich weiß, daß er ganz
zugrunde gegangen ist. Ich glaube, ich werde erst wieder ruhig sein,
wenn ich weiß, daß er ganz zugrunde gegangen ist.
JEFF *kommt, setzt sich zu ihm ins Auto* Hallo.

221

RICKY Hallo.

JEFF Is was?

RICKY Nein. Nichts.

JEFF Irgendwas ist doch nicht in Ordnung mit dir.

RICKY Du, ich hab Magenschmerzen. Mein Magengeschwür tut
mir wieder weh. Das ist alles.

JEFF Du solltest dich operieren lassen.

RICKY Wahrscheinlich. Das war schon früher so, im Kindergarten.
Ich hab das immer sofort gemerkt, wenn da irgendwas war.

JEFF Wie meinst du das?

RICKY So halt.

JEFF Meinst du wegen David, weil... weil der jetzt Regie-Assistenz macht?

RICKY Das ist mir doch egal.

JEFF Schau Ricky, David macht das nur, weil ich wen brauche.
Verstehst du das?

RICKY Mir is des doch wursch. *Sie schweigen. Nach einer Weile
steigt Jeff aus und geht. Ricky ist wieder allein.* Ich glaube, ich werde
erst wieder ruhig sein, wenn ich weiß, daß er ganz zugrunde
gegangen ist.

An der Tür stehen Manfred, Sascha und Babs. Jeff kommt.

JEFF Du, er muß ins Krankenhaus.

SASCHA Wieso?

JEFF Er hat n Magengeschwür oder so was.

SASCHA Ich red mal mit ihm. *Er geht.*

MANFRED Ich war mal zwei Jahre mit som Typ zusammen. Erst
später hab ich gemerkt, daß der gelitten haben muß wie ne Sau.

JEFF Und was willst du mir damit sagen?

MANFRED Meine ganzen Vorstellungen von deiner Männlichkeit,
die gehen hier flöten.

JEFF *wendet sich ins Haus, schreit* Margret! Margret!

Sascha steht am Auto bei Ricky.

RICKY Ich hab keine Magenschmerzen, aber ich laß mich nicht
klemmen. Ich hab mich bei der Marine nicht klemmen lassen, aber
hier schon gar nicht. Ist das klar – oder was?

Im Haus. Margret kommt die Treppe herunter, sie hält die Hand vors Gesicht.

JEFF *schreit* Du wirst ja wohl noch n stummes Erschrecken spielen können oder was, du Trampel? Oder meinst du, du bist hier priviligiert als Produzentengattin? Du spielst hier Theater wie ne Bauernsau auf ner Provinzbühne, du Kuh. *Er dreht sich um.* Katrin! Du spielst die Rolle!

MARGRET *schreit auf* Nein!

KATRIN Ich? Warum denn ich, Jeff? Meinst du, daß ich das denn überhaupt kann?

JEFF Ja! – Kann man vielleicht endlich mal diesen Schminktisch da wegtun? *Schreit:* Linda! Linda!

LINDA Ja, ich komm ja schon.

JEFF Linda, ich will wissen, ob man diesen Tisch da wegtun kann. Können Sie den Arbeitern sagen, sie sollen diesen Tisch da wegtun?!

LINDA Ja, natürlich. Aber schreien Sie nicht so.

JEFF Sie können Ihre Koffer packen, Sie langweilige Ente. Sie sollen abhauen, sofort. Oder red ich so undeutlich? Avanti. Hopp. *Schwenk auf die spanischen Arbeiter: Sie haben die Auseinandersetzung beobachtet.*

Lokal

Hanna und Jeff sitzen auf der Terrasse, im Hintergrund das Meer.

JEFF Ich würde am liebsten mit Marlene Dietrich in der Wüste in som Lokal sitzen und saufen. Du nicht?

HANNA Ich stell mir die ganz kalt vor. So wie ne Geschäftsfrau.

JEFF Nein, ich glaub, daß die unheimlich lieb und nett ist. Ich stell mir vor – *er nimmt Hannas Hand* –, die hat ihre Hand so aufm Tisch liegen, und ich leg dann da meinen Kopf drauf. *Er macht es.* Ich möcht weg von hier. Ich will diesen Scheißfilm nicht machen.

HANNA Warum denn?

JEFF Weil mich die ganze Scheiße hier so ankotzt.

HANNA Ich glaub, der wird unheimlich schön.

JEFF Ja klar, das ist es ja grade.

Restaurant

Manfred und Margret sitzen am Tisch. Am Nebentisch Mark.

MAGRET *schreit* Cameriere! Cameriere! Cameriere!
KELLNER *kommt* Buenos dias, Señor.
MARGRET Du bist ein ganz dummer spanischer Oberkellner. Du
bist so dumm, daß du nicht mal verstehst, was ich rede. Schämst du
dich gar nicht? Nein? Aber Geld möchtest du verdienen? Lern
erst mal deutsch, du dummer, dummer Mensch. Geh!
KELLNER Merci bien, Señora.

Saschas Zimmer

*Sascha liegt auf dem Bett und weint. Babs streicht ihm durchs Haar
und tröstet ihn. Im Hintergrund liegt unbewegt Jeff.*

BABS Es ist doch wirklich nur für ein paar Tage. Der ist groß wie ein
richtiger Baum. Außerdem sieht er Gene ähnlich. Es ist wirklich
nich mehr dran, bloß son bißchen Spaß. Bitte, Sascha.

Hotelhalle

*Korbinian und Honey stehen an der Theke, daneben, ihnen abge-
wandt, Deiters.*

KORBINIAN Wenn ich nur die Möglichkeit hätte. Die Frauen sind
auch so komisch. Ich bin doch nicht blöd. Immer son Scheißjob.
HONEY Wenns dir nicht paßt, du Arschloch, dann mach Regie.
Aber nicht Aufnahmeleitung. Weil da muß man arbeiten.
KORBINIAN Wenn ich nur wüßte... Weil meine Frau, die unter-
drückt mich. Und es macht mir Spaß.

Draußen

Es ist dunkel. Jeff lehnt an einem Baum.
Fred bemerkt ihn, geht zu ihm.

FRED Jeff! *Er kniet vor ihm, lehnt sich an ihn.* Jeff, ich bin so
  unglücklich.
JEFF So – warum denn?
FRED Ich weiß doch nicht!
JEFF Wo ist Ricky?

Eddies Zimmer

Eddie und Hanna auf dem Bett. Sie ist nackt, er trägt einen
Bademantel.

EDDIE Ich finde ihn ganz, ganz dilettantisch. So kann man nicht
  arbeiten.
HANNA Du mußt ihn kennenlernen. Er kann dir so was wie nen
  Freiheitsraum geben als Schauspieler. Das ist ganz selten.

Das Telefon klingelt. Hanna geht ins Bad. Eddie nimmt ab.

EDDIE *ins Telefon* Ja? – Okay. 6 Uhr. Ja, herrlich. Das ganze Bad
  schwimmt. Herrlich jung. – Tschau! *Er legt auf. Hanna steht in der
  Tür, hat unbemerkt zugehört.*

Hotelhalle

An der Bar stehen Spencer, Bill, Babs, Ricky und Deiters.

RICKY I do that only for money.
BABS Ach ja?
RICKY Oder net? I don't like men, really. You can believe that.
SPENCER *haut Ricky auf die Schulter* You are right.

Jeff steht an der Rezeption und telefoniert, neben ihm Korbinian.

225

JEFF Du, ich brauch die 25 Statisten unbedingt morgen früh. Ist das klar? – Also dann! *Er legt auf.*

KORBINIAN Ehrlich, du kannst mich behandeln wie du willst. Weil das, was du machst – künstlerisch, meine ich –, das hat Qualität.

JEFF Ach, leck mich doch am Arsch.

Jeffs Wagen

Jeff und Ricky sitzen draußen im Auto.

RICKY Und eines Tages isn Neuer gekommen, ganz normal. Hat sich vorgestellt. Wolfgang Wagner. Is mir am Anfang gar nicht aufgefallen. Eines Tages sind wir in der Bude gewesen, ziemlich besoffen und so, wir ham Wache gehabt oder so. Dann ham wir uns angegrinst, und ich guck ihn an. Ja hat er gesagt, und dann sind wir zusammen ins Bett gegangen. Und ungefähr zwei Wochen später ham wir wieder mal Wache zusammen gehabt, da hab ich gesagt: Wolfgang, was is? Und da hat er gesagt: Nein. Das ist alles.

Am Set

Jeff, Sascha, Manfred und zahlreiche Statisten stehen auf der Treppe.

JEFF *hysterisch* Sascha, schick sie alle nach Hause. Ich dreh das heute nicht.

SASCHA Das ist viel zu teuer.

JEFF Was heißt denn hier zu teuer. Das ist doch sowieso alles mein Geld. Die Sau hat doch keinen Pfennig. Aber Filme muß er produzieren.

MANFRED Na, denn schick sie doch nach Hause.

JEFF Hast du verstanden? Der Produzent sagt, du sollst sie nach Hause schicken.

SASCHA Gut, gut. Okay.

David steht mit Jesus im Zimmer des Ministers.

DAVID Maybe you come to Germany.

JESUS I go to the army after this film.

DAVID Scheiße.

Jeff kommt mit Eddie die Treppe herunter.

JEFF Also, jetzt darf ich aber bald bei jeder Einstellung erklären,
warum und wieso.

EDDIE Ich bitte Sie.

JEFF Also wirklich, Eddie, ich hab keine Lust, immer wieder von
vorn anzufangen. *Sie gehen aus dem Bild, off:* Hanna, sag ihm, er
hat das so zu spielen. Oder er kann abfahren.

Am Ufer

Hanna, Jeff, Billie, David und Fred hocken vor einer Mauer.

HANNA Was heißt hier Spaß. Wir sind doch alle abhängig von dir –
oder nicht?

JEFF Dann versuchs doch mal wo anders.

HANNA Das ist eben nicht die Alternative. Hier müßte es funktio-
nieren.

JEFF Aber hier hast du doch viel mehr Möglichkeiten, Spaß bei der
Arbeit zu haben, als wo anders.

HANNA Kapier doch: Das ist schon richtig, was du sagst, aber
andererseits sind wir auch alle abhängig. Und mit der Abhängigkeit
stellt sich genau die Angst wieder ein, die wir vorher abgestellt
hatten.

JEFF Wieso seid ihr denn abhängig?

HANNA Weil man nicht mehr kapiert, was passiert. Und Angst
hat, ich schwörs dir.

Hotelflur

Jeff geht mit David den Flur entlang.

JEFF Du, ich erklär dir es. Eines Tages ruft der Manfred mich an und sagt, er hätte einen spanischen Co-Produzenten, der würde 250 000 Mark in einen Film investieren. Da habe ich mir gedacht, dufte, da drehen wir billig und machen einen Film mit dem Geld des Co-Produzenten. Dann hat er eine Kalkulation über 500 000 gemacht, und an der war nicht zu rütteln. Da hab ich gedacht, okay, dann steck ich das Geld vom Bund rein. Aber plötzlich gabs da keinen Co-Produzenten mehr. Und da hab ich mit einemmal gemerkt, daß der Film mit unserem Geld gemacht werden soll. Aber da wars schon zu spät, da warn die Verträge ja alle schon gemacht. Ja, so siehts aus. Und jetzt ist das auch noch zu wenig, da bekommen ausgerechnet wir keine Gage. Ich find das auch Scheiße, glaub mir.

Hotelhalle

Jeff sitzt in einem Sessel. Manfred kommt mit Mandig herein.

MANFRED Das ist Mandig.
JEFF Hallo.
MANDIG Sie haben Linda rausgeschmissen?
JEFF Ja und?
MANDIG Wenn Sie noch einmal derart eigenwillig handeln, lasse ich Sie ausweisen. Wir sind hier immerhin in Spanien, hier gibt es Gesetze? *Er schaut zu Manfred:* Oder nicht?

Jeffs Zimmer

Jeff liegt mit Babs auf dem Bett. Sie ist nackt.

BABS Liebst du den Ricky?
JEFF Vielleicht.
BABS Der tuts aber nur wegen Geld.

JEFF Na und?

BABS Das hat er mir selbst gesagt. Ach Jeff, die Welt ist schlecht.

Das Telefon klingelt. Jeff nimmt ab.

JEFF Hallo? *Er reicht den Hörer weiter* Da – Sascha.

BABS Sascha! Liebling. Du, wir liegen gerade im Bett. – Ja, ich komm dann runter. Tschau.

Sie lieben sich.

Am Set

In der Dekoration (Schlafzimmer des Ministers) sitzen oder stehen Mike, Honey, Eddie, Ricky, Katrin und andere Mitglieder des Teams. Jeff, stark besoffen, wälzt sich auf dem Boden.

JEFF Ihr könnt verschwinden, alle. Ich will euch nicht mehr sehn! Ihr seid alle Schweine, Ausbeuterschweine! Ich hasse euch, ich hasse euch alle! Ihr beutet mich alle nur aus, und wenns drauf ankommt, laßt ihr mich hängen! Ihr terrorisiert mich. Ihr wollt mich fertig machen, ihr miesen Schweine! Ich hasse euch! Korbinian! Ich will zehn Cuba libre! Zehn Cuba libre, hörst du? *Korbinian geht. Jeff liegt auf dem Boden.*

Jeffs Wagen

Ricky und Jeff sitzen draußen im Auto.

RICKY Du darfst nicht vergessen, daß du hier einen Film machst mit lauter Leuten, die viel lieber zu Hause wärn und ihre Ruhe hätten.

JEFF Ich liebe dich.

Saschas Zimmer

Auf dem Balkon. Jeff sitzt im Sessel, Sascha lehnt am Geländer.

JEFF Sascha, du, ich steh das nicht länger durch. Wirklich nicht. Ihr müßt jemand aus Deutschland kommen lassen. Oder ihr macht den Film selbst fertig. Ich kann nicht mehr.
SASCHA Du weißt genau, daß den Film außer dir niemand fertig machen kann.
JEFF Nein.
SASCHA Okay.

Lokal

Hanna und Jeff sitzen am Tisch. Im Hintergrund Meeresrauschen.

HANNA Weißt du, den größten Gefallen, den man ihm tun kann, ist, nicht mit ihm zu schlafen.

Am Set

Jeff steht im Zimmer des Ministers. Er spricht zu Mike, der nicht im Bild ist.

JEFF Wichtig ist halt, daß das Licht ganz scharf ist, fast expressionistisch. Du kannst ruhig so ganz scharfe Fensterkreuze aufs Bett machen, da kommt dann sone . . . sone künstliche Spannung rein. Das kann ruhig unnatürlich wirken. Du mußt dir halt auch mal was einfallen lassen.

Vor einem Bretterzaun

Jeff und David stehen zusammen.

DAVID Wenn du auf der einen Seite sagst, du machst einen Film gegen die Gewalt . . .

230

JEFF Nein, nicht gegen die Gewalt. Gegen staatlich sanktionierte Brutalität.

DAVID Gut, okay. Aber wenn du das so schön zeigst, wenn du das so unheimlich ausmalst, das ist doch auch nicht richtig. Da kommt doch noch was anders rein, oder? *Jeff schweigt.*

Am Meer

Die Schauspieler und das Team liegen in Badeanzügen auf einem Bootssteg; sie bilden ein dichtes Menschenknäuel, in der Mitte Ricky. Jeff steht am Rand.

JEFF Du bist wirklich die brutalste und gemeinste Drecksau, die mir je untergekommen ist. Du kleines mieses Spießerschwein.

RICKY What did he say?

HANNA Er hat gesagt, daß er dich lieb hat.

Nachts auf der Terrasse

Jeff, Ricky, Hanna, David und Sascha. Sie trinken.

JEFF Wißt ihr eigentlich, was das Beschissenste ist? Wenn einem plötzlich klar wird, wie unheimlich bürgerlich man selbst noch ist.

HANNA Aber das kann dir doch nicht erst jetzt eingefallen sein.

JEFF Doch.

HANNA Schau dir doch deine Filme an. Du verstehst doch unheimlich viel von solchen Sachen.

Hotelflur

Manfred und Jeff stehen im Flur.

JEFF *müde* Laß mich doch endlich in Ruhe, du hast mich doch unheimlich beschissen, Mann.

MANFRED Wieso denn nur?

JEFF Ach du, ich hab wirklich keine Lust, dir das immer wieder klarzumachen.

MANFRED *faßt ihn ans Revers* Es ist so irre, manchmal könnt ich dich umbringen und manchmal könnt ich dir einfach die Kleider vom Leibe reißen.

Am Set

Jeff, Eddie und ein blondes Mädchen stehen am offenen Fenster.

EDDIE Nein, das ist pervers, wirklich. Ich kanns nicht spielen, es hat keinen Grund.

JEFF Du, ich find das unheimlich scharf. Stell dir mal vor, der hat grade son Orgasmus oder so was und stirbt. Son Tod, Mann, das ist doch mal ne unheimliche Sache, das mußt du doch einsehen, oder?

Hotelhalle

Ricky und Jeff stehen an der Bar. Es ist offenbar schon sehr spät.

RICKY *zum Kellner* Dos Cuba libre.

KELLNER No. Du beide weg.

JEFF Du, Ricky, ich glaube, der will uns nix mehr geben.

RICKY Ja? Soll ich?

Jeff nickt. Ricky geht ruhig um die Theke und schmeißt den Kellner zwischen die Gläser.

Nachts auf der Terrasse

DAVID *geht mit dem Messer auf Sascha los* Ich bring dich um, du Schwein. Ich stech dich ab, du fette Sau.

JEFF Hör auf! *Er dreht ihm den Arm um, das Messer fällt zu Boden. Sascha lacht hysterisch.*

Im Zimmer

Jeff sitzt an der Schreibmaschine und tippt. Korbinian steht an der Wand, Hände in der Hosentasche.

KORBINIAN Meine Frau, die ist auch so. Die sagt immer: So wirds gemacht. Oder sie schläft nicht mit mir. Und da hält man sich dran. *Jeff tippt unbeeindruckt weiter auf der Maschine.*

Auf der Terrasse

Es ist Tag. Man feiert eine Party. Fred, mit kurzem Röckchen als Tunte aufgemacht, wird von Billie frisiert. Hanna tanzt. Eddie unterhält sich mit einem Mann, sie gehen kurz durchs Bild. Im Hintergrund Ricky, Manfred, Margret, Korbinian und Deiters. Im Vordergrund steht Jeff; er trinkt aus der Flasche. Musik: Ray Charles.
Jeff, ziemlich besoffen, schreit zur Musik im Sprechgesang immer wieder: »I'm going to Rome!« Er beschimpft Ricky, der ihm entsprechend antwortet: »Bloody motherfucking boy!«, »Leck mich doch!« Spencer und Babs kommen, ein paar Schritte hinter ihnen Bill. Jeff gibt Babs unvermittelt eine Ohrfeige.

SPENCER *schaut dumm* Why did you do that?
JEFF I have a story with Babs and you have a story with her. My story doesn't touch your story, okay?
BABS *kreischt auf* Oh Spencer, why don't you kill him! I always thought you have a big true, but you are jealous! I never will see you in this life again!

Bill geht auf Jeff los, schlägt ihm die Faust in den Magen. Jeff krümmt sich, bricht zusammen. Ricky kümmert sich um ihn.

RICKY Laßt ihn bloß zufrieden.
BABS Hab ich nicht recht?
RICKY Logisch. Ganz bestimmt. Jetzt haut endlich ab, ihr Idioten.
BABS Schwein!
RICKY Halt du dich da raus, verschwinde. *Zu Bill* Bloody motherfucking boy, go away. *Er beugt sich über Jeff, umarmt ihn.*

Die Party geht ohne Unterbrechung weiter. Babs und Spencer mischen sich unter die Gäste. Ricky steht auf, tanzt mit Hanna. Dann schaut er noch einmal nach Jeff und nimmt einen Schluck aus dessen Flasche.

Nachts auf der Straße

Jeff geht die Treppe von der Promenade runter zur Straße. Ein Wagen hält, Korbinian steigt aus.

KORBINIAN Ich fahr dich heim. *Jeff reagiert nicht.* Obwohl, ich geh auch oft zu Fuß nach Hause. Da hat man so Gedanken im Kopf, die hat man sonst nie.
JEFF Ach, laß mich doch in Ruhe.
KORBINIAN Nichts für ungut. *Er steigt ein und fährt weg, Jeff geht weiter.*

Saschas Zimmer

Sascha liegt im Bett, Jeff steht in der Tür

JEFF Morgen fährt die Babs nach Hause. Hast mich verstanden, Sascha? Wenn ich die Frau hier morgen noch mal sehe, dann könnt ihr wirklich zuschauen, wie ihr mit eurem Dreck allein fertig werdet, das schwör ich dir. Das möchte ich doch mal sehen, ob ich das bißchen Macht, das ich habe, ausnützen kann oder nicht!

Hotelhalle

An der Bar. Fred hat seinen Kopf an Jeffs Schulter gelehnt. Im Hintergrund Deiters.

FRED Ich habe mir so viel Mühe gegeben, und nie sagst du was.
JEFF Ich hab dir doch gesagt, ich find das wirklich ganz toll, was du da rangeschafft hast. Ehrlich, Fred.
FRED Nie sagst du was. Immer muß ich dich fragen.

Am Set

Jeff steht vor einer Wand. Im Spiegel sind Eddie und das blonde Mädchen zu sehen, die ihm zuschauen. Ricky geht durchs Bild; zeitweise sind Honey und Antonio im Spiegel bei der Arbeit zu sehen.

JEFF Ihr habt das so zu machen, wie ich das will, und wenn ich euch sage, die Schienen werden da hingelegt, dann werden sie eben auch da hingelegt und nicht wo anders – ist das klar? Ihr müßt erst mal lernen, was überhaupt Film ist! Ich mußte es ja auch lernen. Aber euch scheint das ja wohl alles nur so zuzufliegen, oder? Wirklich zum Kotzen. Versucht doch mal mit eurem Kopf zu denken, probiert das doch mal. Ist nämlich gar nicht so schwer, mit seinem Hirn mal was anzufangen.

Saschas Zimmer

Auf dem Balkon. Jeff sitzt im Sessel, Sascha lehnt über das Geländer.

SASCHA Weißt du . . . das einzige, was ich akzeptiere, ist Verzweiflung.

Hotelhalle

Jeff, Deiters und Korbinian stehen an der Bar; David lehnt an einer Säule. Ricky tanzt mit Billie.

JEFF Ich will doch bloß reden mit dem Schwein, bloß reden. *Er schmeißt sein Glas zu Boden, das knapp vor Rickys Füßen zerschellt.*
DAVID Laß halt.
JEFF Wenn ich mir das nicht mehr leisten kann, wofür arbeit ich denn wohl noch? Wenn ich nichts mehr zerschmeißen darf, bin ich tot. Verstehst du das?

Am Set

Auf der Treppe und im Vorraum: David, Manfred, Eddie und das blonde Mädchen, Katrin, Ricky und Fred.
Jeff, offenbar besoffen, kommt mit dem Reporter.

REPORTER Was wird denn das überhaupt fürn Film?
JEFF Das ... das wirdn Film über Brutalität. Über was soll man denn sonst schon noch Filme machen. *Sascha kommt.* Sascha, gib mir was zum Saufen. *Er nimmt ihm den Becher aus der Hand und trinkt.* Du bist der einzige. *Er umarmt Sascha, geht mit ihm zu Boden.* Ich habe einen Freund. *Der Reporter macht Fotos von der Szene. Jeff wendet sich an ihn:* Hast du ne Zeitung mitgebracht? Aus München?
REPORTER Hier. Ist sogar ein Bild von dir drin.
JEFF *nimmt die Zeitung, steht mühsam auf und liest* Der Teufel von Grünwald. Gestern abend gegen 22 Uhr ist es der Kriminalpolizei gelungen, den 23jährigen Josef K., einen lang gesuchten Sittlichkeitsverbrecher, zu verhaften.

Er liest leise weiter. Musik setzt ein: Arie aus »Roberto Deveraux« von Gaetano Donizetti.
Einer nach dem andern verläßt den Raum, zum Schluß steht Jeff allein da.

Dreharbeiten

Blick auf die Treppe, groß im Bild die Klappe: »269 – A – 5. J. Kosinsky – M. Ballhaus. PATRIA O MUERTE. ANTITEATER – ATLANTIS«. Die Einstellungen sind identisch mit denen des fiktiven Films; Musik in dieser (und der folgenden) Szene: Donizetti.
Der Diener kommt langsam die Treppe herunter, öffnet die Haustür. Eddie, den gezückten Revolver in der Hand, tritt ein. Oben auf dem Treppenabsatz erscheint eine Frau. Eddie geht langsam die Treppe hoch, tötet sie mit einem Handkantenschlag. Nach einigen Sekunden steht sie auf; Eddie umarmt und küßt sie.
Langer Schwenk über die Wandgemälde. Der Minister liegt mit seiner Frau im Bett, daneben Eddie, der ihn ersticht. Die Klappe

kommt ins Bild, wird geschlagen. Der tote Minister richtet sich wieder auf.

Vor einem Bretterzaun

Eddie, Hanna, Jeff, David und Sascha frontal zur Kamera.

HANNA Du, der wird unheimlich schön.
EDDIE Ils ont trouvé que les autres ont oublié – le temps.
JEFF *Zoom* Ich glaube, ich werde erst wieder ruhig sein, wenn ich weiß, daß er ganz zugrunde gegangen ist.

Schrifttitel (schwarz auf gelbem Grund):

Ich sage Ihnen, daß ich es oft sterbensmüde bin, das Menschliche darzustellen, ohne am Menschlichen teilzuhaben. Thomas Mann

Anhang

Warum vor ein heiliger Mutter ist ein Film über die Ausbeutet und der Aus gebendet werden. Warum vor ein heilige Mutter ist ein Film über ein Gruppe, deren Dynamik ○ von einem Einzelne abhängig wer wa die Gruppen wäng, ~~deren~~ ~~besondere~~ die Kräfte dieses Einzel~~en~~ ausarbeutet, ~~...~~

Liebe Freunde oder Genossen und so,

in Anbetracht der Tatsache, dass wir nun bereits seit ~~einem~~ Jahr zusammen ~~Filme~~ ~~machen~~ und wir alle zuerst mit Ansprüchen an die Sache gegangen sind, die sich im Laufe dieser Zeit als nicht erfüllt (oder gar erfüllbar) herausgestellt haben, lasst uns doch die Arbeit an diesem Film, und die Zeit, in der sie passiert als letzte Möglich-keit betrachten, zu überprüfen, warum es so gelaufen ist und nicht anders und welche Änderungen nötig wären, um letzlich doch noch Produktionsbedingungen zu finden, die eine weitere Zusammenarbeit doch noch als erstrebenswert erscheinen lassen.

Das Kind ist tot zwar, aber dennoch ist bei allen eine Sehnsucht spürbar vorhanden, es wieder lebendig zu machen (Schygulla), dass man untersuchen sollte, was möglich ist. Lasst uns diese drei Wochen diskutieren und reden und versuchen, zu einer Zärtlichkeit zurück-zufinden, die das Mass an Freiheit von den Zwängen möglich macht und unser aller Angst wenigstens erträg-lich macht.

wollten wir ihre Bedürfnis und Sicherheit geniezten. Dieses Bedürfnis und Sicherheit ließe vor das gemeinsame
Sorrent, den 14-9-1970 *Ziel vergesse und zwang*

Rainer Werner Fassbinder

den Eine, wie ich meine, so alle wider, aus om Leute, da lebt, o. wollte die Pro-duktion in Wohl mit leben, sondern

cc.:

Baer	Gaue
Brem	Hohoff
Caven	Krää
Danzer	Lommel
Dobbertin	Raab
Fassbinder	Raben
Fengler	Schaake
Schygulla	von Trotta
Scheydt	

zu de Gewinn. Das jetzt lebt edles mit und macht unglückliche und kaputt.

Am 1. Tag der Arbeit an diese Film habe ich an alle diese Rundbrief geschickt

Nachwort

»Hochmut kommt vor dem Fall«, dieses Sprichwort stellte Fassbinder dem Film *Warnung vor einer heiligen Nutte* als Motto voran. Auf seine Initiative hatte sich die antiteater-Kommune 1969 dem Film zugewandt, mit *Liebe ist kälter als der Tod* und *Katzelmacher* sogleich den Durchbruch geschafft. Plötzlich taten sich neue Möglichkeiten auf, und Fassbinder nutzte sie, um Versuche in verschiedene Richtungen anzustellen. 1970 wurde ein ebenso produktives wie schwieriges Jahr.

Der Produktionsrhythmus war atemberaubend. Noch im Dezember 1969 drehte man die sozialkritische Studie *Warum läuft Herr R. Amok*, im nächsten Monat die frech-unbekümmerte Komödie *Rio das Mortes*. Im Februar folgte im Fernsehstudio die Aufzeichnung der *Kaffeehaus*-Inszenierung. Die Dreharbeiten zu *Whity*, einem schwülen Melodrama in Cinemascope, fanden im April statt; im nächsten Monat entstand die Fernsehproduktion *Die Niklashauser Fart*, eine Collage über die Revolution und ihr notwendiges Scheitern. Mit *Der amerikanische Soldat*, im August realisiert, findet die Reihe der Gangster-Filme ihren Abschluß. Einen Schlußstrich anderer Art zog Fassbinder mit dem gleich darauf im September gedrehten Spielfilm *Warnung vor einer heiligen Nutte*. Der Traum vom gemeinsamen Leben und Arbeiten im Kollektiv ließ sich nicht in die Wirklichkeit überführen; dies war Fassbinder spätestens bei *Whity* klar geworden. Immer hatte er darauf gedrungen, daß alle initiativ werden, jeder seine Kreativität einbringt. Er wollte nicht immer Motor für die ganze Gruppe sein. Doch das Tempo, das er einschlug, um sich das neue Medium anzueignen, war für die meisten Mitstreiter zu hoch: Sie konnten nicht mithalten. Im Hinterzimmer der Schwabinger Kneipe »Witwe Bolte« konnte ruhig einmal eine Inszenierung danebengehen, und ein gewisser Dilettantismus, der den Laiendarstellern anzumerken war, erhöhte eher den Reiz der Veranstaltung. Mit dem Film wurde alles anders. Das Kollektiv zeigte sich den Anforderungen nicht gewachsen: Die Verantwortung wurde allein auf Fassbinder abgewälzt. Er sah sich in die Rolle des Ausbeuters gedrängt, der zugleich Ausgebeuteter ist. Die gruppendynamischen Prozesse zerstörten die Vorstellung vom lustvollen und angstfreien Produzieren. Es war wohl immer nur eine Illusion, zum Schluß nur noch krampfhaft aufrechterhalten. Am Ende des Jahres war der Traum ausgeträumt, davon handelt *Warnung vor einer heiligen Nutte*. Rückblickend meinte Fassbinder: »Mit diesem Film haben wir endgültig unsere erste Hoffnung, nämlich das antiteater, begraben.«

Begonnen hatte das Jahr mit einem Gruppenexperiment. *Warum läuft Herr R. Amok* entstand ohne Drehbuch. Fassbinder und Michael Fengler hatten lediglich in einem zweiseitigen Szenario den Handlungsverlauf skizziert: Ein Mann wird in verschiedenen Alltagssituationen – im Büro, in der Familie, mit Nachbarn und Freunden – gezeigt; Frustration und sozialer Druck nehmen unmerklich zu, bis er zuschlägt, Frau, Kind und Nachbarin, schließlich sich selbst tötet. Kein Dialog war vorgegeben: Es wurde improvisiert. Alle Beteiligten, die Schauspieler wie das Team, brachten ihre persönlichen Attitüden ein. Die Darsteller konnten ihre Rolle frei gestalten; so tauschen in der entsprechenden Filmszene die Schulfreunde Kurt Raab und Peer Raben ihre tatsächlichen Erlebnisse und Erinnerungen aus (beide besuchten das Gymnasium in Straubing). Für die Regie zeichneten Fassbinder und Fengler gemeinsam verantwortlich. »Wir haben bei den schwierigen Szenen uns mit den Schauspielern zusammengesetzt«, erinnerte sich Fassbinder später, »und haben ihnen das Wesen der Szene erklärt. Dann hatte jeder einige Szenen von vornherein, wo er gesagt hat, die möcht ich allein machen. Oder wir haben auch gesagt, jeder hat in dem Film einige Szenen, die er allein macht und – ach, das hat an sich wunderbar geklappt.« (Wohl auch deshalb wiederholte man das Experiment bei *Die Niklashauser Fart*.) Auch dem Kameramann hatte man alle Freiheiten eingeräumt – der Film hat lediglich 32 Einstellungen, ganze Sequenzen wurden durchgedreht.

Zu diesem Film hatte Fassbinder zeitlebens ein recht zwiespältiges Verhältnis. *Warum läuft Herr R. Amok* wurde bei der Berlinale 1970 uraufgeführt und erhielt hervorragende Kritiken. Die völlig unspektakuläre Studie über die Lebensleere einer erschreckend normalen Kleinbürger-Existenz hinterließ einen starken Eindruck, gerade weil hier nicht psychologisiert wurde. Trotzdem fand Fassbinder den Film »in hohem Maß widerlich und eigentlich fast eklig«. Die antiteater-Leute hatten Spießer darzustellen, und sie erfüllten diese Aufgabe derart perfekt, daß einem das Grausen kommen konnte. Man lebte zusammen in einer Künstler-Kommune und bemühte sich um ein neues Bewußtsein; der Film förderte nun zutage, welche verborgenen kleinbürgerlichen Verhaltensmuster in ihnen allen noch steckten. So geriet das Gruppenexperiment zu »einer Art bürgerlichen Striptease«, monierte Fassbinder. »Der Film denunziert die Leute oder er zwingt sie dazu, sich selber zu entblößen, das ist, finde ich, nicht richtig.«

Fassbinder war Autodidakt; auch die anderen Mitglieder des antiteaters verfügten kaum über Filmerfahrungen. Mit *Warum läuft Herr R. Amok* hatte die Gruppe für sich neues Terrain erobert: Man hatte gelernt, vor der Kamera frei zu improvisieren. Die neu gewonnene Sicherheit hinterließ bereits in *Rio das Mortes* deutliche Spuren. Locker und unverkrampft wird agiert; die Geschichte, die aus dem Zusammenprall von naivem Wunschtraum und nüchterner Realität ihren Witz bezieht, erlaubte allen immer auch ein Stück Selbstdarstellung. Filmemachen, das war noch vor kurzem für sie ein Traum, ähnlich unerreichbar und nicht finanzierbar wie der Plan von Michel und Günther, nach Peru zu reisen. Um den ersten Film *Liebe ist kälter als der Tod* fertigstellen zu können, war man – in einem Akt von Frechheit und Chuzpe – eine reiche Mäzenin angegangen, eine Episode, die Fassbinder gleich in *Rio das Mortes* einbaute. Solche authentischen Details verleihen dem Film seinen spezifischen Charme. Übrigens gibt es auch hier improvisierte Szenen, so ist etwa das Interview mit dem Bibliothekar – der Schriftsteller Carl Amery, damals Direktor der Städtischen Bibliotheken Münchens – ein Cinéma-vérité-Einschub. Und wenn in einer der Schlußeinstellungen Günther Kaufmann von seinen Erlebnissen bei der Marine erzählt, so ist auch dies ein Text, der nicht vom Drehbuch vorgegeben wurde.

Die Idee zu *Rio das Mortes* stammte von Volker Schlöndorff. Er hatte sich folgenden Plot ausgedacht: Zwei Freundinnen treffen sich nach langer Zeit wieder. Erinnerungsselig wird ein alter Wunschtraum aus gemeinsamen Kindertagen heraufbeschworen: Einst hatte man auf eine Südseeinsel ausrücken wollen. Allen Widerständen zum Trotz soll dieser Plan nun verwirklicht werden. Schlöndorff, den andere Filmprojekte beschäftigten, überließ die Geschichte Fassbinder, der sie auf seine Art erzählte. Statt zwei Freundinnen als Protagonisten wählte er eine Figurenkonstellation, die bereits in *Liebe ist kälter als der Tod* und *Götter der Pest* handlungsbestimmend war. Das Muster wurde nur geringfügig variiert, diesmal jedoch humorvoll und ohne blutigen Ernst durchgespielt. Ein Freund aus alten Tagen schneit herein, eine Männer-Freundschaft lebt wieder auf. Hanna sieht durch Günther ihre Beziehung zu Michel bedroht und sie verteidigt ihre Besitzansprüche. Für alle frühen Fassbinder-Filme gilt: Liebe ist egoistisch, sie scheut auch vor Verrat und Mord nicht zurück. Zwar führen die jungen Leute ein anderes Leben als ihre Eltern – was Hanna von den moralischen Ermahnungen ihrer Mutter hält, wird schon in der Eingangsszene demonstriert –, doch sie haben sich noch längst nicht von deren kleinbürgerlichen Werten und Lebensorientierungen befreit. Hanna träumt von Heirat, Eheglück und Kindern; sie unternimmt alles, um Michels und Günthers Pläne zu vereiteln. Als plötzlich das Geld da ist – die Mäzenin als deus ex machina –, der Tag der Abreise gekommen ist, greift Hanna zur Pistole.

Die folgende Szene auf dem Flughafen wird im Drehbuch so geschildert: Michel und Günther sind auf der Gangway fast oben. Ein Schuß kracht, Günther bricht zusammen. Michel stürzt zu ihm: »Buale! Sag halt was. Bitte.« Doch Günther ist tot. Sirenen, Schreie. Jemand aus der Menge deutet auf Hanna. Leise sagt sie: »Ich liebe dich!« Ein melodramatischer Schluß, der deutlich an das Ende von *Götter der Pest* erinnert, in diesem Film jedoch völlig unpassend gewesen wäre. Im realisierten Film sorgt der Zufall für einen glücklichen Ausgang: Ein Auto fährt in die Schußbahn; das Flugzeug, mit den beiden Freunden an Bord, hebt ab. Bald werden sie in Peru sein. Hanna steckt die Pistole weg und schminkt sich: Sie bereitet sich auf neue Möglichkeiten vor. Das galt auch für Fassbinder: Erstmals brachte er den Mut auf, eine Geschichte mit einem Happy-End zu versehen.

Der Film arbeitet mit Kino-Erfahrungen, versetzt sie aber in den Münchner Alltag; diese Verschiebung gibt vielen Szenen eine spezifische Komik. Erst nach Abschluß der Dreharbeiten erfuhr Fassbinder, daß Produzent Klaus Hellwig längst Vorverträge mit dem Fernsehen besaß. Die TV-Redakteure, immer in Legitimationszwang, glaubten, *Rio das Mortes* als Problemfilm ankündigen zu müssen. In einer ARD-Broschüre hieß es zur Sendung: »Fassbinder zeichnet kühl, aber mit Sympathie Momente junger Leute, die von ihrer Umwelt geprägt sind, die nach Ausdruck, Liebe, Schönheit suchen, aber durch Liebe, Kapital und eigene aufgestaute Aggressionen auf dem Weg dorthin gehindert werden.« Das war ein

Mißverständnis: So bedeutungsschwanger und ernsthaft sozialkritisch wollte der Film gar nicht sein. *Rio das Mortes* ist erfreulich unprätentiös. Ein Kino-Märchen, unbeschwert und verspielt erzählt, Fassbinders erste Komödie.

Die Niklashauser Fart ist ein ambitionierter Versuch, Vergangenheit und Gegenwart miteinander zu verschneiden. Fassbinder griff auf ein altes Projekt zurück; im Nachlaß gibt es eine Mappe mit mehreren, z. T. sehr ausführlichen Exposés und Vorüberlegungen. Obenauf liegt eine Kopie aus der Textsammlung »Württembergische Geschichtsquellen« (Bd. VI, 1904): Die Geschichte des Hirten Niklas Böhm, so wie in Wiedmanns Chronica 1485 berichtet wird. »Ein halber Thore, als man on von jogunt uff gemerket hatte«, verfügte er über charismatische Ausstrahlung, hielt aufrührerische Predigten, wurde schließlich gefangengenommen und hingerichtet. Es folgt ein 25seitiges Szenario. Hier ist der Modellcharakter des historischen Falles bereits heraus gearbeitet; eine Regieanweisung zeigt die dialektische Argumentation: »Der Zuschauer muß Sympathie für die Grundidee haben, um sich ein kritisches Verhältnis zu den Methoden erarbeiten zu können, die hier praktiziert werden.« In der ersten Drehbuchfassung ist der Film noch ganz in der Historie angesiedelt. Die Entscheidung gegen einen Kostümfilm fiel erst kurz vor Beginn der Dreharbeiten; Fassbinder und Fengler begründeten dies in der Fernsehspiel-Broschüre des WDR: »Wir wollen keinen historischen Film, sondern wir wollen zeigen, wie und warum eine Revolution scheitert. Dazu müssen wir jede historische Begrenzung, die uns dabei beengen würde, bewußt vernichten.«

Die Geschichte aus der Zeit vor dem Bauernkrieg wurde mit aktuellem Material collagiert: Hans Böhms Rede ist ein Zitat des lateinamerikanischen Revolutionärs Camillo Tores, die Predigt des Pfarrers ein Auszug aus der Sozialenzyklika »Populorum Progressio« von Papst Paul VI. In Ausstattung und Kostümen mischen sich verschiedene Zeiten und Epochen; ein manieristischer Zug ist unverkennbar. So spielt Fassbinder im Film den schwarzen Mönch in Jeans und seiner üblichen Lederjacke, während Antonio mit schwarzem Schlapphut und weitem Umhang herumläuft (die Figur ist ein Zitat aus Glauber Rochas Film »Antonio das Mortes«). Fassbinder/Fengler arbeiten mit Parallelsetzung: »Wenn man sich die Pachtverhältnisse in Argentinien oder in Brasilien anschaut, die sind nahezu identisch mit den Zuständen im 15. Jahrhundert.

Deshalb arbeiten manche Guerillas im Amazonasgebiet ja auch mit schwarzer Magie und solchen Tricks.« Das Grundproblem sei immer noch das gleiche: mit einem alten Bewußtsein neue Zustände schaffen. »Hans Böhm scheitert daran, daß er die Aufklärung herzustellen versucht mit Techniken der Gegenaufklärung. Aber wie hätte er seine Arbeit sonst tun sollen?« Darf man die Massen mittels Mythen und Heilsprophezeihungen mobilisieren? Welche ungewollte Eigendynamik entwickelt eine Revolution, die sich Theatertricks bedient? Variationen eines Themas in verschiedenen Kontexten, von Black Panther und den Befreiungsbewegungen in der Dritten Welt bis hin zur bundesrepublikanischen Gegenwart.

Happenings und Straßentheater gehörten zum Repertoire der außerparlamentarischen Opposition, deren Zerfallsprozeß sich 1970 bereits abzeichnete. Kommunen wie z. B. die Musikgruppe »Amon Düül II«, die in *Die Niklashauser Fart* einen Auftritt hat, wollten die Revolution des Bewußtseins vorleben. Auch das antiteater-Kollektiv verstand sich als Teil dieser Bewegung, hatte mit einigen Produktionen sich als Agitproptheater versucht, obwohl Fassbinder immer eher skeptisch blieb – er selbst ist den Illusionen, der Revolutionsromantik der studentischen Linken nie verfallen.

Der Film ist eine pessimistische Reflektion über das Scheitern von Emanzipationsbewegungen; zugleich wird die Funktion politischer Kunst problematisiert. *Die Niklashauser Fart* ist auch eine Auseinandersetzung mit Godard. »Filme werden manchmal von ihrer eigenen Ästhetik aufgefressen«, konstatierten Fassbinder und Fengler. Sie stellten sich die Frage, »ob wir diese Ästhetik nicht zerschlagen müssen. Aber da kann man sich Mühe geben soviel man will, letzten Endes sieht doch alles wieder schön aus. Weil es so schwer ist, etwas Richtiges zu machen, das dann nicht auch schön aussieht.« Rhythmus und optischer Stil, komplizierte Kamerafahrten und artifizielle Tableaus: *Die Niklashauser Fart* ist ein ausgesprochener Kunstfilm. (Angemerkt sei: Die linken Intellektuellen im Lande, die, für die der Film gemacht ist, verstanden die Fragestellung nicht oder reagierten mit Ignoranz. Fassbinder sei »ein Kulissenschieber im Klassenkampf«, höhnte Peter Rühmkorf in der Zeitschrift »konkret«. Die Filmemacher hätten nicht eine sozialistische Perspektive, sondern lediglich im Sinn »ein exotisches Niemandsland, das sie mit Vorliebe Kuba nennen, obwohl es eigentlich Kunst heißt«.)

Auch die Entstehungsgeschichte von *Der amerikanische Soldat* reicht weit zurück. Ende 1968 brachte das antiteater Fassbinders gleichnamiges Kurzdrama zur Aufführung. Das Theaterstück zitiert den einsamen Helden des film noir, der Kälte um sich verbreitet, diese Haltung sich aber in einem streng ritualisierten Tagesablauf antrainieren muß. Schlafen, Frühstück, Pistolenreinigen, Schießübungen – dasselbe Programm immer noch einmal, bis endlich das Telefon klingelt: Der Killer erhält einen Auftrag. Zwei Helfer werden ihm zugeteilt; nun warten sie zu dritt. Der Killer spricht von seinen Träumen (ein Häuschen im Süden, ein einfaches kleines Mädchen) und erklärt sein Berufsethos: »Was einer mit seiner Intelligenz anfängt, ist seine Sache. Ich brauche sie zum Töten. Ich töte nicht gerne, aber ich tue es mit Verstand.«

Das Stück basierte auf einem amerikanischen Gangsterfilm. Irving Lerners *Murder by Contract* (deutscher Titel: *Der Tod kommt auf leisen Sohlen*) wird allgemein als B-Picture gehandelt. Inhaltsangabe und Urteil aus dem »Evangelischen Filmbeobachter« von 1959: »Auf Bestellung arbeitender Mörder versagt, als sein Opfer erstmals eine Frau ist. Eine ganz abwegige psychologische Studie, die trotz annehmbarer Gestaltung kalt läßt. Wir raten ab.« Nur wenige Cineasten und Regisseure schätzten den Film wegen seiner Lakonik und Radikalität; *Le Samourai* von Jean-Pierre Melville, *Taxidriver* von Martin Scorsese sind ihm unmittelbar verpflichtet. Lerners Inszenierung entsprach jener minutiösen Präzision, mit der der Berufskiller seine Arbeit verrichtet. Fassbinders Theaterstück reduzierte den Plot noch weiter auf ein bloßes Modell, auf eine Versuchsanordnung. Doch ist hinter der Mechanik des Tagesablaufs, der Selbstdisziplinierung des Killers immer Angst spürbar: Die kleinste Abweichung vom reglementierten System führt zum Zusammenbruch.

Im eineinhalb Jahre später gedrehten Spielfilm hat das Theaterstück nur wenig Spuren hinterlassen. In der ersten Drehbuchfassung wird die Situation des Wartens noch stärker betont: Ricky macht Liegestütze, achtet peinlich auf Sauberkeit, legt seine Kleidungsstücke ordentlich auf den Stuhl. Er trinkt ostentativ keinen Alkohol. Im realisierten Film deutet nur noch der überm Bettgestell hängende Expander darauf, daß der Berufskiller sich fit hält. Fassbinder formulierte als Pressetext folgende Inhaltsangabe: »Ricky kommt von drüben im hellen Anzug und weichem Hut, unter der Jacke das

Pistolenhalfter mit der Kanone. Ricky trinkt Whisky, redet wenig und wenn, dann kurz. Er trifft seinen Freund. Sie besuchen den Hinterhof ihrer Kindheit, und Rickys Freund fragt, wie es in Vietnam aussieht. Ricky erfüllt seine Aufträge und geht selbst dabei drauf.« Er ist ein Soldat, weil er auf Befehl tötet. Der Killer funktioniert innerhalb eines Systems, das er nicht durchschaut und das auch für den Zuschauer nicht völlig durchschaubar gemacht wird.

Fassbinder nannte seine frühen Gangsterfilme einmal »präzise Selbstdarstellungen«; in der Kunstaura des Genrekinos fand er eine Chiffre, die seinem Lebensgefühl und Weltverständnis Ausdruck verlieh. Sentiment und Brutalität, Freundschaft und Verrat, Tristesse und Melancholie werden in elegischen Bildern eingefangen. Ursprünglich war als erste Szene Rickys Ankunft auf dem Flughafen vorgesehen. Bei der Paßkontrolle fragt ihn der Beamte nach dem Grund seines Besuches in Deutschland. Ricky: »Ich möchte in meinem Heimatland sterben.« Liebe und Tod sind in dieser Welt untrennbar verbunden. Momente großer Zärtlichkeit ziehen immer Leichen nach sich: Während Ricky Rosa umarmt, erschießt er sie. Kurt kann seine unterdrückten, verbotenen Gefühle erst zeigen, als er sich über die Leiche des Bruders wirft. Es ist, als ob die Menschen ihre Liebe erst dann ausdrücken können, wenn der andere keine Handhabe mehr hat, solche Eingeständnisse gegen den Liebenden auszunutzen. Im Leben können die Menschen nicht zueinander kommen. Während sich Ricky und Rosa im Hotel lieben, sitzt das Zimmermädchen auf der Bettkante und hält, zur Kamera gewandt, einen Monolog, der mit den Worten beginnt: »Das Glück ist nicht immer lustig.« Der Satz ist ein Zitat, die Szene inspiriert von Godard: In *Vivre sa vie* geht die Prostituierte Nana mit einem Mann aufs Zimmer, doch der will noch ein anderes Mädchen. Während die beiden sich lieben, sitzt Nana traurig daneben und spricht diesen Satz, den Fassbinder später seinem Film *Angst essen Seele auf* als Motto voranstellte. (Die Liebesgeschichte zwischen der Putzfrau Emmi und dem Gastarbeiter Ali, von deren traurigem Ende das Zimmermädchen in *Der amerikanische Soldat* erzählt, wird in *Angst essen Seele auf* eine positive, utopische Wendung erhalten: Es ist möglich, sein Leben zu leben, einer feindlichen Umwelt zum Trotz.)

Nicht anzumerken ist dem Film, unter welchen schwierigen Produktionsbedingungen er realisiert wurde. Darüber gibt der Dokumentarfilm *Fassbinder produziert: Film No. 8* von Michael Ballhaus und Dietmar Buchmann Auskunft. Krisenstimmung herrschte vom ersten Tag an. Organisatorische Probleme, dazu ein umfangreicher Schaden im Negativmaterial, führten zum Abbruch der Dreharbeiten; Fassbinder reiste ab (und ließ ein ratloses Team zurück). Anfang September wurde die Arbeit wieder aufgenommen. »Hauptdarsteller, mit denen es private Diskrepanzen gab, werden ersetzt«, heißt es in der Dokumentation. Elga Sorbas übernahm die Rolle von Hanna Schygulla, »die sich den neuerlichen Dreharbeiten entzogen hat«. Fassbinder schrieb das Buch um; die zeitraubende Suche nach neuen Drehorten wurde umgangen, indem man einen Großteil der Szenen ins Haus verlegte und im antiteater-Domizil bei Feldkirchen drehte. Nun wurde ohne Leerlauf konzentriert gearbeitet; der Film war in neun Tagen abgedreht (das bedeutete bis zu 70 Einstellungen am Tag). Sechs Tage nach der letzten Klappe war *Der amerikanische Soldat* geschnitten, synchronisiert und gemischt.

Zur Inneneinrichtung der Wohnung, in der Rickys Mutter lebt, gehört neben Klavier und Flipper auch ein großes Clark-Gable-Poster, deutlicher Hinweis auf ein anderes Genre des Hollywood-Kinos: das aufwendig gestaltete Melodrama, wo große Gefühle und prächtige Farben, ungebrochenes Pathos und schwelgerischer Umgang mit Schauwerten sich fern von jeder Realität zu einem Spiel reiner Emotionen vereinen. *Whity* war ein Versuch in dieser Richtung. Statt karger Räume und Reduktion durch Stilisierung nun Opulenz: Breitwand-Kino in Farbe und Scope, pure Kino-Fiktion.

»Bevor ich *Whity* gedreht habe«, so Fassbinder in einem Gespräch, »habe ich einige Filme von Raoul Walsh gesehen. Vor allem *Band of Angels* ist einer der tollsten Filme, die ich überhaupt kenne, mit Clark Gable, Yvonne de Carlo und Sidney Poitier. Ein weißer Farmer stirbt, er hatte eine Tochter mit einer schwarzen Frau. Die Tochter ist vollkommen weiß, so daß man ihr gar nicht ansieht, daß sie ein Mischling ist. Aber sobald der Alte, der einen Berg Schulden hatte, tot ist, wird sie verkauft. Clark Gable, der ein Sklavenhändler ist, kauft sie, weil er weiß, daß sie ein Mischlingsmädchen ist, und sie weiß, daß er ein Sklavenhändler ist. Dann fängt der Bürgerkrieg an. Sidney Poitier ist der treue Diener des Sklavenhändlers, und obwohl er auf der anderen Seite kämpft, verhilft er seinem Herrn und dem Mischlingsmädchen zur Flucht, und dann ist alles gut – oder doch nicht?« Der Sklavenhändler und das Mädchen, dem er voller Edelmut die Freiheit geschenkt hat, finden sich zum Schluß, ganz so, wie es die Hollywood-Konvention gebietet. Solche aufgesetzten Happy-Ends machten Fassbinder immer mißtrauisch: Die Botschaft der Bilder sieht meist ganz anders aus als die Moral der Dialoge.

Der Film, der Fassbinder bei *Whity* inspirierte, ist das Produkt eines vielbeschäftigten Routiniers, der alle Genres bediente: Walsh drehte Western, Kriegsepen, Piratenfilme, Musicals, Komödien, Kriminalfilme. Er verstand es, die kollektiven Mythen Amerikas zu inszenieren und den dumpfen Gefühlen der schweigenden Mehrheit Ausdruck zu geben. Zunächst fällt deshalb die Differenz ins Auge. Fassbinder nahm eine radikale Umwertung der Motive vor. Die Familie Nicholson in *Whity* ist ein einziger Ausbund von Dekadenz, Perversion und Unmoral: Undenkbar, daß dieses Personal einen Walsh-Film bevölkert. Auch Fassbinders Regiestil scheint genau entgegengesetzt zu den ästhetischen Maximen des Pragmatikers Walsh, der simple Stories und gradlinige Dramaturgie bevorzugte: »Action, action, action«, meinte er einmal, sei das ganze Geheimnis des Films. In *Whity* dagegen dominieren die langen Einstellungen. Fassbinder argumentierte, er zeige Menschen, die kein Ziel in ihrem Leben haben, die nicht wissen, wohin sie gehen sollen. Also gibt es auch keinen Grund, sich zu beeilen. Alle warten auf den Tod des Familien-Oberhaupts, bis endlich Whity zur Waffe greift und den ganzen degenerierten Clan erledigt. Er hat gegen die Herrschaft rebelliert, doch wohin soll er sich nun wenden? Und so endet der Film in der Wüste. Whity und Hanna wissen, daß sie nicht nach Osten durchkommen werden. Sie tanzen zur Melodie: »Good bye, my love, good bye« – Liebe realisiert sich erst im Zeichen des Todes.

In Hollywood könne man noch naiv und ungebrochen Geschichten erzählen, schwärmte Fassbinder. Den europäischen Regisseuren sei alles durch Reflektion verstellt. Auch seine eigenen Filme waren, wie verschlüsselt oder verfremdet auch immer, zeitkritisch interpretierbar. Mit *Whity* erfüllt er sich einen Traum: eine veritable Hollywood-Geschichte, eine wahre Kino-Oper. Und nicht etwa ein Film mit Thema und Problemstellung: Über Rassendiskriminierung in den Südstaaten läßt sich anhand von *Whity* nicht diskutieren.

Die Überarbeitung des Drehbuchs – das Manuskript trug den Arbeitstitel *Whity – Angel of Terror* – folgte der Tendenz, soziale und politische Bezüge zu eliminieren. Zwei kleine Szenen, die gesellschaftliche Kontrolle illustrieren, wurden gestrichen. Auf dem Weg in den Saloon trifft Whity auf den Sheriff, der ihn ermahnt: »Mach mir keine Schande.« Hinter Hanna, die über die Straße geht, tuscheln die Frauen; sie sind sich einig: »Man muß die Stadt säubern von solchen Elementen.« Im ursprünglichen Drehbuch wurde auch die ökonomische Ausbeutung gezeigt, Whity mit seinen schwarzen Brüdern konfrontiert. Ben, Frank und Whity reiten die Felder ab und kontrollieren, ob die Arbeit gut vorangeht. Ben gibt sich im Gespräch mit dem schwarzen Vorarbeiter Sam als gutmütiger Patriarch: »Wir wollen, daß ihr uns gut seid in eurem Herzen.« Ein andermal kommt Whity allein mit Davie vorbei; demonstrativ legen die Schwarzen die Arbeit nieder und stimmen ein Revolutionslied an. Whity läßt sich provozieren, schwingt die Reitpeitsche gegen Sam; Verachtung schlägt dem Verräter seiner Rasse entgegen. Aufschlußreich vor allem die Änderung der Schlußsequenz. Die erste Drehbuchfassung setzte ans Ende ein politisches Ausrufezeichen: Nachdem Whity die Familie Nicholson ausgelöscht hat, reißt er sich die Livree vom Leib und zieht einfache Arbeitskleidung an (wie die Schwarzen auf den Feldern sie tragen). Ein stummer Blickkontakt mit Mamie, dann verläßt er das Haus. Letzte Einstellung: Whity kommt aus der Stadt, hinter ihm Hanna mit ihrem Flitterkleid. Sie versucht, ihn einzuholen, aber er ist zu schnell. Langsam werden beide in der Ferne kleiner. Diese Änderung war mehr als eine Akzentverschiebung. Im verworfenen Schluß schimmert noch die politische Parabel durch: Unterdrückung und Auflehnung, am Ende Whity rasch ausschreitend, konsequent die Vergangenheit (inklusive Hanna) hinter sich lassend.

Whity ist nie in die Kinos gekommen. Schon die Produktion litt darunter, daß Coproduzent Ulli Lommel sich übernommen hatte und in Wahrheit nur die Gelder vom antiteater (d. h. die Bundesfilmpreise für *Katzelmacher*) zur Verfügung standen. Schließlich konnte nicht einmal das Kopierwerk bezahlt werden. Bei der Uraufführung während der Berliner Filmfestspiele 1971 schlugen Hohn und Unverständnis Fassbinder entgegen: Einige Kritiker nannten *Whity* eine Edelschnulze ohne Tiefgang, andere glaubten gar, es handle sich um eine Western-Parodie. Nach der mißglückten

Premiere war kein Verleih bereit, die notwendige Ablösesumme zu zahlen, und der Film verschwand im Archiv, bis er, zwei Jahrzehnte später, im Programm eines privaten TV-Senders ausgestrahlt wurde. – Um die privaten Auseinandersetzungen und finanziellen Katastrophen während der Dreharbeiten in Almeria, einer spanischen Kulissenstadt, wo zahlreiche Italo-Western gedreht wurden, ranken sich viele Anekdoten. Derlei Geschichten sollten nicht verdecken, daß der Mißerfolg von *Whity* ein Desaster bedeutete. Erstmals hatte Fassbinder weder fürs Fernsehen noch für die Filmkunsttheater gearbeitet, sondern ein aufwendiges Melodrama für das große Kinopublikum inszeniert – und dann konnte der Film nicht öffentlich gezeigt werden.

Andere Regisseure hätten nach dieser Enttäuschung vielleicht aufgesteckt, Fassbinder dagegen machte sie produktiv. Noch einmal rief er die Gruppe zusammen, und am ersten Tag der Dreharbeiten beschwor er brieflich die »lieben Freunde oder Genossen und so«, während der Zeit der gemeinsamen Arbeit »zu einer Zärtlichkeit zurückzufinden, die das Maß an Freiheit von den Zwängen möglich macht und unser aller Angst wenigstens erträglich«.

Auch zu *Warnung vor einer heiligen Nutte* gibt es Materialien im Nachlaß. Zur Vorgeschichte des Projekts gehört ein Storyabriß von *Patria o Muerte*, einem irgendwo in Lateinamerika angesiedelten Polit-Thriller mit der Hauptfigur Lemmy Caution. Ein anderes Exposé trägt keinen Titel: Der Regisseur Anselmo Fadardi bereitet den Film *Zéro-Ville* vor, in dem Eddie Constantine einen Agenten namens Carry Motion spielt. Der Film im Film ist offenbar eine Antwort auf Godard, *Zéro-Ville* ein Gegenstück zu dessen *Alphaville*, einem avantgardistisch gewendeten Lemmy-Caution-Abenteuer. Im Exposé heißt es: »Versuchte Lemmy Caution noch mit Hilfe der Poesie in den Bewohnern von ›alphaville‹ Erinnerungsfragmente an ein freieres, individuelleres Leben zu wecken, so reißt Carry mit äußerster Brutalität alle Schleier fort, wie sie sich Menschen erdacht haben, um sich im Hotel zum Abgrund wohnlich einzurichten.« Fadardi hat Schwierigkeiten mit dem Team; es kommt zu heftigen Diskussionen, Eifersüchteleien, Intrigen und tätlichen Auseinandersetzungen. Streit gibt es mit dem Hauptdarsteller, der sich gegen die Rolle des brutalen Entzauberers wehrt, wie mit den Schauspielerinnen, die sich als Ideenträgerinnen bestimmter Vorstellungen des Regisseurs mißbraucht vorkommen.

Einige Formulierungen im Exposé verraten, daß Fassbinder sich in diesem Teil von Fellinis *8½* inspirieren ließ.

Details aus beiden Exposés lassen sich in *Warnung vor einer heiligen Nutte* wiederfinden, doch wurden nicht Kino-Erlebnisse, sei es Godard oder Fellini, sondern die eigenen Erfahrungen während der Dreharbeiten zu *Whity* prägend für den Film. Vor dem Kurzschluß, alles habe sich in der Realität so abgespielt wie im Film dargestellt, sei jedoch ausdrücklich gewarnt: Es handelt sich nicht um eine getreue Rekapitulation, sondern um eine literarische Transformation. Wie zu Beginn des Jahres auch am Ende ein Gruppenexperiment: Wieder spielte das antiteater sich selbst, allerdings mit vertauschten Rollen und nach vorgegebenem Text: Kein Dialog ist improvisiert, jede Szene stand im Drehbuch.

»Der Film handelt zwar von Dreharbeiten«, erklärte Fassbinder, »aber das eigentliche Thema ist, wie die Gruppe arbeitet und wie Führer-Positionen entstehen.« Ein gruppendynamisches Lehrstück, an dem sich der wechselseitige Mechanismus von Macht und Autoritätshörigkeit geradezu exemplarisch studieren läßt. Als Alternative zum bürgerlichen Leben mit seinen starren Konventionen hatte man das Kollektiv verstanden und einst frohgemut verkündet: »Chaos macht Spaß.« Das hatte sich als Illusion erwiesen. Statt offener Strukturen entstand ein System von erotischen Beziehungen und Abhängigkeiten. Statt Kreativität freizusetzen, brach sich die Lust an der Destruktion Bahn. Statt Ängste abzubauen, nahm der Repressionsdruck eher noch zu. Statt freier Menschen gebar das Experiment kleine Monster – Vampire, die ihn aussaugen, meint der Regisseur im Film. Nein, es hatte nicht funktioniert. Jetzt galt es, sagte Fassbinder in einem Interview, »aufzuwachen und einzusehen, daß man von etwas geträumt hat, was es gar nicht gibt«.

Abgesang auf eine Utopie. Der Film, »gewidmet den Ratten von Hameln und ihrem Fänger«, wie es auf einem Manuskript hieß, formulierte Fassbinders subjektive Wahrheit über die Gruppe. Hier ging etwas zu Ende, zugleich war es ein Neuanfang. Was nun kommen sollte, war ihm noch unklar, doch er wußte, es würde weitergehen. Schließlich wird ja auch, trotz Krise und Frustrationen, der Film in *Warnung vor einer heiligen Nutte* gedreht. Fassbinders Inhaltsangabe, fürs Presseheft verfaßt, schloß: »Und ohne daß sie es recht merken ist aus dramatisierter Hysterie und klischierter Leidenschaft etwas entstanden, was sie nie recht greifen konnten, was den Grund ihrer Verwirrung ausmachte, was sie sündigen und beten ließ: der Film, der sie anzieht und sich ihnen entzieht, der Film – eine heilige Nutte.«

Mit diesem Band wird die 1987 im Schirmer/Mosel Verlag begonnene Edition der Drehbücher Rainer Werner Fassbinders fortgeführt. Auf eine großzügige Bebilderung mußte verzichtet werden, dagegen konnte die ursprüngliche Konzeption erweitert werden: Nicht allein die Kinofilme, auch die wichtigsten Fernsehproduktionen werden aufgenommen.
Textgrundlage sind die im Nachlaß befindlichen Drehbücher, vom Herausgeber anhand der Filme überprüft. Änderungen bei der Realisierung wurden berücksichtigt; der gedruckte Text entspricht dem Filmtext, über die wesentlichen Modifikationen gibt das Nachwort Auskunft. Zu *Die Niklashauser Fart* lag kein Drehbuch vor, für *Warum läuft Herr R. Amok* wurde keins geschrieben; in beiden Fällen wurden vom Herausgeber Filmprotokolle erstellt.
Für Hinweise und Hilfestellungen habe ich Liselotte Eder, Juliane Lorenz, Ulrike Theilig und Gerhard Ullmann zu danken.

Michael Töteberg

Daten zu den Filmen

Warum läuft Herr R. Amok

Regie und Buch (Improvisationsvorlage): Rainer Werner Fassbinder, Michael Fengler
Besetzung: Kurt Raab (Raab), Lilith Ungerer (Frau Raab), Amadeus Fengler (Amadeus), Franz Maron (Chef), Harry Baer (Baer), Peter Moland (Moland), Lilo Pempeit (Frau Eder), Hanna Schygulla (Hanna), Ingrid Caven (Ingrid), Irm Hermann (Irm), Doris Mattes (Doris), Hannes Gromball (Hannes), Herr und Frau Sterr (Opa und Oma Raab), Peer Raben (Willi), Eva Pampuch (erste Verkäuferin), Carla Aulaulu (zweite Verkäuferin), Eva Madelung (Sibylle), Peter Hamm (Kommissar), Jochen Pinkert (Kriminalbeamter) u. a.
Kamera: Dietrich Lohmann
Kamera-Assistenz: Herbert Paetzold
Beleuchtung: Ekkehard Heinrich
Ton: Klaus Eckelt
Ton-Assistenz: Heinz Pusl
Regie-Assistenz: Harry Baer
Aufnahmeleitung: Christian Hohoff
Ausstattung: Kurt Raab
Schnitt: Rainer Werner Fassbinder, Michael Fengler
Produktion: antiteater / Maran-Film
Uraufführung: 28. 6. 1970 (Internationale Filmfestspiele Berlin)

Rio das Mortes

Regie und Buch: Rainer Werner Fassbinder
Besetzung: Michael König (Michel), Günther Kaufmann (Günther), Hanna Schygulla (Hanna), Katrin Schaake (Katrin), Joachim von Mengershausen (Joachim), Carla Aulaulu (Maggie), Marius Aicher (Chef), Ingrid Caven (erste Studentin), Magdalena Montezuma (zweite Studentin), Kerstin Dobbertin, Elga Sorbas (Studentinnen), Monika Stadler (Verkäuferin), Harry Baer (Harry), Kurt Raab (Tankwart), Ulli Lommel (Autohändler), Lilo Pempeit (Günthers Mutter), Rainer Werner Fassbinder (Gast im Tanzcafé), Eva Pampuch (seine Freundin), Franz Maron (Hannas Onkel), Carl Amery (Bibliothekar), Walter Sedlmayr (Beamter), Hanna Axmann-Rezzori (Martinsen), u. a.
Kamera: Dietrich Lohmann
Kamera-Assistenz: Herbert Paetzold
Beleuchtung: Ekkehard Heinrich
Ton: Klaus Eckelt
Regie-Assistenz: Kurt Raab, Harry Baer
Ausstattung: Kurt Raab
Musik: Peer Raben
Schnitt: Thea Eymèsz
Produktion: antiteater / Janus Film und Fernsehen
Produktionsleitung: Michael Fengler
Uraufführung: 15. 2. 1971 (ARD)

Whity

Regie und Buch: Rainer Werner Fassbinder
Besetzung: Günther Kaufmann (Whity), Hanna Schygulla (Hanna), Ulli Lommel (Frank), Harry Baer (Davie), Ron Randell (Ben Nicholson), Katrin Schaake (seine Frau Katherine), Rainer Werner Fassbinder (Butch), Kurt Raab (Pianist), Thomas Blanco (Garcia), Elaine Baker (Mamie), Mark Salvage (Sheriff), Stefano Capriati (Richter), Helga Ballhaus (seine Frau) u. a.
Kamera: Michael Ballhaus
Kamera-Assistenz: Lothar Dreher
Beleuchtung: Honorat Stangl
Regie-Assistenz: Harry Baer
Aufnahmeleitung: Stefan Abendroth, Martin Köberle
Ausstattung: Kurt Raab
Musik: Peer Raben
Script: Ulli Stangl
Schnitt: Franz Walsch (d. i. Rainer Werner Fassbinder), Thea Eymèsz
Produktion: Atlantis -Film / Antiteater-X-Film
Produktionsleitung: Peter Berling
Uraufführung: 2. 7. 1971 (Internationale Filmfestspiele Berlin)

Die Niklashauser Fart

Regie und Buch: Rainer Werner Fassbinder, Michael Fengler
Besetzung: Michael König (Hans Böhm), Michael Gordon (Antonio), Rainer Werner Fassbinder (der schwarze Mönch), Hanna Schygulla (Johanna), Margit Carstensen (Margarethe), Franz Maron (ihr Mann), Kurt Raab (Bischof), Günther Rupp (sein Berater), Walter Sedlmayr (Pfarrer), Karl Scheydt (Bauer), Günther Kaufmann (Günther), Peer Raben (Mann auf dem Feld), Ursula Strätz (seine Frau), Magdalena Montezuma (Magdalena), Ingrid Caven, Elga Sorbas, Carla Aulaulu (Badweiber), Siggi Graue, Michael Fengler (Niklashauser Bürger), Peter Berling (Henker), Amon Düül II u. a.
Kamera: Dietrich Lohmann
Beleuchtung: Honorat Stangl
Spezialeffekte: Charly Baumgartner
Maske: Sybille Danzer
Regie-Assistenz: Harry Baer
Ausstattung: Kurt Raab
Musik: Peer Raben
Schnitt: Franz Walsch (d. i. Rainer Werner Fassbinder), Thea Eymész
Produktion: antiteater / Janus Film und Fernsehen
Uraufführung: 26. 10. 1970 (ARD)

Der amerikanische Soldat

Regie und Buch: Rainer Werner Fassbinder
Besetzung: Karl Scheydt (Ricky), Elga Sorbas (Rosa), Jan George (Jan), Hark Bohm (Doc), Marius Aicher (Max), Irm Hermann (Irm), Gustl Datz (Chef), Margarethe von Trotta (Zimmermäd-chen), Rainer Werner Fassbinder (Franz), Ingrid Caven (Inga), Katrin Schaake (Magdalena Fuller), Ulli Lommel (Tony el Quinta-no), Eva Ingeborg Scholz (Rickys Mutter), Kurt Raab (sein Bru-der), Marquard Bohm (Marquard) u. a.
Kamera: Dietrich Lohmann
Kamera-Assistenz: Herbert Paetzold
Beleuchtung: Ekkehard Heinrich
Regie-Assistenz und Ausstattung: Kurt Raab
Musik: Peer Raben (Songtext »So much tenderness«: Rainer Wer-ner Fassbinder)
Aufnahmeleitung: Christian Hohoff
Maske: Sybille Danzer
Schnitt: Thea Eymèsz
Produktion: antiteater
Produktionsleitung: Peer Raben
Uraufführung: 9. 10. 1970 (Mannheimer Filmwoche)

Warnung vor einer heiligen Nutte

Regie und Buch: Rainer Werner Fassbinder
Besetzung: Lou Castel (Jeff), Hanna Schygulla (Hanna), Eddie Constantine (Eddie), Marquard Bohm (Ricky), Margarethe von Trotta (Babs), Ulli Lommel (Korbinian), Karl Scheydt (Manfred), Marcella Michelangeli (seine Frau Margret), Hannes Fuchs (David), Kurt Raab (Fred), Werner Schroeter (Deiters), Magdalena Montezuma (Irma), Rudolf Waldemar Brem (Honey), Monika Teuber (Billie), Herb Andress (Mark), Thomas Schieder (Jesus), Benjamin Lev (Candy), Ingrid Caven (Renate), Harry Baer (ihr Mann), Enzo Monteduro (Manoli), Dirk Randell (Portier), Tony Bianchi (Blanco), Mario Novelli (Garcia), Katrin Schaake (Katrin), Peter Berling (Mandig), Burghard Schlicht (Peter), Tanja Constantine (Linda), Michael Fengler (Spencer), Gianni Javarone (Bill), Peter Gauhe (Journalist), Achmed Ben Em-Bark (Requisiteur), Rossano Brazzi (Partygast)
Kamera: Michael Ballhaus
Kamera-Assistenz: Karl Huber, Aldo Marchiori
Beleuchtung: Marcello Zucche, Renato di Laudadio, Aldo Panzironi, Enrico Simeone
Script: Katrin Schaake
Maske: Sybille Danzer, Maria Mastrocinque
Aufnahmeleitung: Christian Hohoff
Produktionssekretärin: Renate Leiffer
Ton: Günter Krää
Ausstattung: Kurt Raab
Garderobe: Kerstin Dobbertin
Regie-Assistenz: Harry Baer
Musik: Peer Raben
Schnitt: Franz Walsch (d. i. Rainer Werner Fassbinder), Thea Eymèsz
Produktion: antiteater / Nova International
Produktionsleiltung: Peter Berling
Uraufführung: 28. 8. 1971 (Biennale Venedig)